"十二五"国家重点图书出版规划项目

中国突发事件应急体系顶层设计

闪淳昌 等◎著

科学出版社
北京

内 容 简 介

本书回顾了中华人民共和国成立以来，尤其是2003年抗击非典以来我国应急体系建设的发展历程，总结了有关行业和地方的实践、经验与启示；分析了我国公共安全与应急管理所面临的挑战，并且放眼全球，研究了美国、日本等发达国家在应急体系建设方面的理念和方法；在此基础上，从七个方面提出了我国突发事件应急体系顶层设计的具体建议。本书是国家自然科学基金委员会重大研究计划"非常规突发事件应急管理研究"支持的"突发事件应急体系顶层设计研究"项目成果，编写组由国务院参事、国务院应急管理专家组组长闪淳昌同志带领，一批在应急管理理论与实践方面具备丰富经验的专家和领导付出了辛勤劳动。所以，本书是应急体系建设亲历者的共同认识和思想结晶。

本书适合地方政府和有关部门的领导干部，应急管理相关部门领导、工作人员，公共安全与应急管理领域的专家学者，以及所有关心我国公共安全与应急管理事业发展的读者阅读。

图书在版编目(CIP)数据

中国突发事件应急体系顶层设计 / 闪淳昌等著.--北京：科学出版社，2017.1

(公共安全应急管理丛书)

ISBN 978-7-03-049319-4

Ⅰ.①中… Ⅱ.①闪… Ⅲ.①突发事件－公共管理－研究－中国 Ⅳ.①D63

中国版本图书馆CIP数据核字(2016)第150083号

责任编辑：马 跃 王丹妮 / 责任校对：李 影
责任印制：徐晓晨 / 封面设计：无极书装

科学出版社出版
北京东黄城根北街16号
邮政编码：100717
http://www.sciencep.com
北京虎彩文化传播有限公司印刷
科学出版社发行 各地新华书店经销
*
2017年1月第 一 版 开本：720×1000 1/16
2020年4月第四次印刷 印张：9 1/4
字数：190 000

定价：128.00元

(如有印装质量问题，我社负责调换)

丛书编委会

主　编

范维澄　教　授　清华大学

郭重庆　教　授　同济大学

副主编

吴启迪　教　授　国家自然科学基金委员会管理科学部

闪淳昌　教授级高工　国家安全生产监督管理总局

编　委（按姓氏拼音排序）

曹河圻　研究员　国家自然科学基金委员会医学科学部

邓云峰　研究员　国家行政学院

杜兰萍　副局长　公安部消防局

高自友　教　授　国家自然科学基金委员会管理科学部

李湖生　研究员　中国安全生产科学研究院

李仰哲　局　长　国家发展和改革委员会经济运行调节局

李一军　教　授　国家自然科学基金委员会管理科学部

刘　克　研究员　国家自然科学基金委员会信息科学部

刘　奕　副教授　清华大学

刘铁民　研究员　中国安全生产科学研究院

陆俊华　副省长　海南省人民政府

孟小峰　教　授　中国人民大学

邱晓刚　教　授　国防科技大学

汪寿阳　研究员　中国科学院数学与系统科学研究院

王　垒　教　授　北京大学

王　宇　研究员　中国疾病预防控制中心

王飞跃　研究员　中国科学院自动化研究所

王岐东	研究员	国家自然科学基金委员会计划局
翁文国	教 授	清华大学
吴 刚	研究员	国家自然科学基金委员会管理科学部
杨列勋	研究员	国家自然科学基金委员会管理科学部
于景元	研究员	中国航天科技集团 710 所
张 辉	教 授	清华大学
张 维	教 授	天津大学
周晓林	教 授	北京大学
邹 铭	副部长	民政部

本书课题组成员名单

组　长	闪淳昌	国务院参事、国务院应急管理专家组组长
成　员	刘铁民	中国安全生产科学研究院学术委员会主任
	陈家强	公安部纪委原副书记、少将、教授级高工
	柴俊勇	上海市政协委员、上海市政府原副秘书长
	丁　辉	北京市科学技术研究院院长、研究员
	赵子聿	国防大学危机管理研究中心主任
	贤峰礼	国防大学危机管理研究中心副主任
	马怀德	中国政法大学副校长、教授
	杨战英	北京市突发事件应急委员会办公室主任
	熊新光	上海市应急管理委员会办公室主任
	纪家琪	广东省人民政府应急管理办公室主任
	张小宁	陕西省应急管理办公室主任
	贾　群	国家行政学院应急管理培训中心副主任
	曾　君	广东省人民政府应急管理办公室处长
	彭宗超	清华大学公共管理学院副院长教授
	邓云峰	国家行政学院应急管理培训中心教授

周　玲　北京师范大学社会发展与公共政策学院院长助理

刘　冰　清华大学应急管理研究基地博士后

王永明　中国安全生产科学研究院公共安全研究所高级工程师

秦绪坤　国家安全生产应急救援指挥中心工程师

总　　序

自美国“9·11”事件以来，国际社会对公共安全与应急管理的重视度迅速提升，各国政府、公众和专家学者都在重新思考如何应对突发事件的问题。当今世界，各种各样的突发事件越来越呈现出频繁发生、程度加剧、复杂复合等特点，给人类的安全和社会的稳定带来更大挑战。美国政府已将单纯的反恐战略提升到针对更广泛的突发事件应急管理的公共安全战略层面，美国国土安全部2002年发布的《国土安全国家战略》中将突发事件应对作为六个关键任务之一。欧盟委员会2006年通过了主题为“更好的世界，安全的欧洲”的欧盟安全战略并制订和实施了“欧洲安全研究计划”。我国的公共安全与应急管理自2003年抗击非典后受到从未有过的关注和重视。2006年和2007年，我国相继颁布实施了《国家突发公共事件总体应急预案》和《中华人民共和国突发事件应对法》，并在各个领域颁布了一系列有关公共安全与应急管理的政策性文件。2014年，我国正式成立“中央国家安全委员会”，习近平总书记担任委员会主席。2015年5月29日中共中央政治局就健全公共安全体系进行第二十三次集体学习。中共中央总书记习近平在主持学习时强调，公共安全连着千家万户，确保公共安全事关人民群众生命财产安全，事关改革发展稳定大局。这一系列举措，标志着我国对安全问题的重视程度提升到一个新的战略高度。

在科学研究领域，公共安全与应急管理研究的广度和深度迅速拓展，并在世界范围内得到高度重视。美国国家科学基金会（National Science Foundation，NSF）资助的跨学科计划中，有五个与公共安全和应急管理有关，包括：①社会行为动力学；②人与自然耦合系统动力学；③爆炸探测预测前沿方法；④核探测技术；⑤支持国家安全的信息技术。欧盟框架计划第5～7期中均设有公共安全与应急管理的项目研究计划，如第5期（FP5）——人为与自然灾害的安全与应急管理，第6期（FP6）——开放型应急管理系统、面向风险管理的开放型空间数据系统、欧洲应急管理信息体系，第7期（FP7）——把安全作为一个独立领域。我国在《国家中长期科学和技术发展规划纲要（2006—2020年）》中首次把公共安全列为科技发展的11个重点领域之一；《国家自然科学基金“十一五”发展规划》把“社会系统与重大工程系统的危机/灾害控制”纳入优先发展领域；国务院办公厅先后出台了《“十一五”期间国家突发公共事件应急体系建设规划》、《国家突发事件应急体系建设“十二五”规划》、《国家综合防灾减灾规划（2011—2015年）》和《关于加快应急产业发展的意见》等。在863、973等相关科技计划中也设立了一批公共安全领域的重大项目和优先资助方向。

针对国家公共安全与应急管理的重大需求和前沿基础科学研究的需求，国家自然科学基金委员会于2009年启动了“非常规突发事件应急管理研究”重大研究计划，遵循“有限目标、稳定支持、集成升华、跨越发展”的总体思路，围绕应急管理中的重大战略领域和方向开展创新性研究，通过顶层设计，着力凝练科学目标，积极促进学科交叉，培养创新人才。针对应急管理科学问题的多学科交叉特点，如应急决策研究中的信息融合、传播、分析处理等，以及应急决策和执行中的知识发现、非理性问题、行为偏差等涉及管理科学、信息科学、心理科学等多个学科的研究领域，重大研究计划在项目组织上加强若干关键问题的深入研究和集成，致力于实现应急管理若干重点领域和重要方向的跨域发展，提升我国应急管理基础研究原始创新能力，为我国应急管理实践提供科学支撑。重大研究计划自启动以来，已立项支持各类项目八十余项，稳定支持了一批来自不同学科、具有创新意识、思维活跃并立足于我国公共安全与应急管理领域的优秀科研队伍。百余所高校和科研院所参与了项目研究，培养了一批高水平研究力量，十余位科研人员获得国家自然科学基金“国家杰出青年科学基金”的资助及教育部“长江学者”特聘教授称号。在重大研究计划支持下，百余篇优秀学术论文发表在SCI/SSCI收录的管理、信息、心理领域的顶尖期刊上，在国内外知名出版社出版学术专著数十部，申请专利、登记软件著作权、制定标准规范等共计几十项。研究成果获得多项国家级和省部级科技奖。依托项目研究成果提出的十余项政策建议得到包括国务院总理等国家领导人的批示和多个政府部门的重视。研究成果直接应用于国家、部门、省市近十个“十二五”应急体系规划的制定。公共安全与应急管理基础研究的成果也直接推动了相关技术的研发，科技部在“十三五”重点专项中设立了公共安全方向，基础研究的相关成果为其提供了坚实的基础。

重大研究计划的启动和持续资助推动了我国公共安全与应急管理的学科建设，推动了“安全科学与工程”一级学科的设立，该一级学科下设有“安全与应急管理”二级学科。2012年公共安全领域的一级学会“公共安全科学技术学会”正式成立，为公共安全领域的科研和教育提供了更广阔的平台。在重大研究计划执行期间，还组织了多次大型国际学术会议，积极参与国际交流合作。在世界卫生组织的应急系统规划设计的招标中，我国学者组成的团队在与英、美等国家的技术团队的竞争中胜出，与世界卫生组织在应急系统的标准、设计等方面开展了密切合作。我国学者在应急平台方面的研究成果还应用于多个国家，取得了良好的国际声誉。各类国际学术活动的开展，极大地提高了我国公共安全与应急管理在国际学术界的声望。

为了更广泛地和广大科研人员、应急管理工作者以及关心、关注公共安全与应急管理问题的公众分享重大研究计划的研究成果，在国家自然科学基金委员会管理科学部的支持下，由科学出版社将优秀研究成果以丛书的方式汇集出版，希望能为公共安全与应急管理领域的研究和探索提供更有力的支持，并能广泛应用到实际工作中。

为了更好地汇集公共安全与应急管理的最新研究成果，本套丛书将以滚动的方式出版，紧跟研究前沿，力争把不同学科领域的学者在公共安全与应急管理研究上的集体智慧以最高效的方式呈现给读者。

重大研究计划指导专家组

前　言

本书是国家自然科学基金重大研究计划“非常规突发事件应急管理研究”支持的“突发事件应急体系顶层设计研究”项目成果。国家自然科学基金委员会设立此课题的目的是瞄准国家加强公共安全与应急管理工作的重大战略需求，为政府换届和行政体制改革及时提出有关政策和建议，同时，也是针对 2013 年度“重点支持项目”之四——“新时期中国特色应急管理体系的顶层设计和模式重构”进行的一些先期工作。

“突发事件应急体系顶层设计研究”于 2012 年 7 月开题，2013 年 1 月通过评审并结题，历时半年。在国务院参事、国务院应急管理专家组组长闪淳昌同志的带领下，组成了由国务院有关部门、地方政府、军队、科研院所、高校等单位专家共同参与的研究团队。课题组基于我国 2003 年抗击非典以来“一案三制”为核心内容的应急体系建设的实践，先后赴北京、贵州、四川、陕西、广东、辽宁、山东等地进行调研，走访了国务院应急管理办公室、国家卫生和计划生育委员会、交通运输部、中国气象局等有关部门单位，召开了六次课题组全体会议，重点分析了我国公共安全与应急管理工作面临的挑战与机遇，并选取典型国家和地区，对比分析了其应急体系的演变路径、现状及启示，研究了多层级、多部门、多主体的应急体系的构建思路，探索了跨时域、跨地区、跨职能的突发事件应急机制，提出了中国特色应急管理体系的顶层设计和应对模式。

2012 年 8 月和 12 月，课题组依据研究成果及时向国务院领导报送了《关于加强我国应急管理工作的几点建议》《关于进一步搞好我国应急管理顶层设计的建议》，国务院领导高度重视并做了重要批示，国务院有关部门进行了落实和部署。加强应急管理越来越成为全面履行政府职责的重要体现、创新社会管理的重要内容、人民群众的重要期盼、经济社会持续健康发展的重要支撑。自 2003 年抗击非典以来，以“一案三制”为核心内容的中国特色应急体系建设取得重大成就，经受住一系列重特大突发事件的考验。当今各种传统的和非传统的、自然的和社会的、国内的和国际的、常规的与非常规的突发事件交织并存，应急管理工作面临许多新挑战，我们必须居安思危，增强忧患意识，进一步搞好我国应急管理的顶层设计，迎接公共安全的风险与挑战。

本书所载内容是截至 2012 年年底的国内外应急管理和应急体系建设情况，

在此之后，特别是党的十八大以来，在以习近平同志为总书记的党中央领导下，中国特色应急管理体系建设不断取得新进展、新成就，为保障人民生命财产安全，促进社会长治久安，服务全面建成小康社会做出了重大贡献。因时间和篇幅有限，突发事件应急体系建设的最新进展将在今后的著作中再行论述和讨论。

编写组

2016 年 1 月

目 录

绪　论

在党中央和国务院的领导下，各级政府在全面履行经济调节、市场监管、社会管理、公共服务职能的过程中，把加强应急管理，保障人民生命财产安全，维护社会安全稳定作为全面建成小康社会的重要内容，并取得了明显成效。

一、党的十六大以来的十年，是我国在建设中国特色应急管理道路上开拓进取、经受考验并取得重大成就的十年

抗击非典以来，党中央、国务院在深刻总结历史经验教训，科学分析公共安全形势的基础上，审时度势，做出了全面加强应急管理工作的重大决策，开创了应急管理工作的新局面，以“一案三制”为核心内容的应急体系建设取得重大成就：应急预案体系基本形成并不断完善；应急管理体系基本建立；应急救援队伍体系基本形成，应急救援能力明显提升；突发事件的防范和处置水平不断提高；公共安全的宣传教育培训体系基本建立，全社会公共安全意识不断增强；应急法制建设全面推进。

各地结合实际不断完善和创新应急管理体制机制。例如，北京市、广东省、陕西省等省市成立了“党政共管”的应急管理委员会；泛珠江三角洲（简称泛珠三角），辽、吉、黑、内蒙古四省区，苏、鲁、豫、皖四省，中南五省，环渤海区域，以及黄河中游四省等分别建立了区域协调联动机制，且在重大突发事件处置中发挥了重要作用；广东省建立了“现场指挥官”制度，出台了《突发事件应急补偿管理暂行办法》；陕西等省以“四进五有”（进企业、进学校、进社区、进农村；有预案、有机构、有队伍、有物质储备、有科普宣传）为抓手，大大提升了基层应急管理能力；等等。

十年来，我国大灾多发、多灾并发，引起世界关注。在党中央和国务院的领导下，我们战胜了一系列重大挑战，有效抗击了非典、高致病性禽流感和甲型H1N1流感等一系列公共卫生事件；战胜了淮河流域特大洪涝灾害、雨雪冰冻灾害、汶川地震、玉树地震和超强台风袭击等特大自然灾害；有效处置了山西

“3·28”王家岭事故和甬温线“7·23”列车追尾等特别重大事故和拉萨“3·14”、乌鲁木齐“7·5”等事件；积极有效应对外部经济风险冲击；成功举办了北京奥运会、中华人民共和国60华诞庆祝活动、世界博览会（简称世博会）、亚洲运动会（简称亚运会）、深圳大运会（即第26届世界大学生夏季运动会）、建党90周年和十八大等一系列重大活动。以“一案三制”为核心内容的应急体系建设为保障人民生命财产安全、维护社会安全稳定发挥了重要作用。同时，也在加强国际合作、参加国际救灾等方面做出了我们的努力。

党的十六大以来，我国及各地、各部门在应急管理工作上积极探索、开拓创新，积累了宝贵经验：一是党中央、国务院的英明决策和坚强领导。二是各级党委、政府认真负责，靠前指挥，广大党员、干部发挥先锋模范作用。三是军民合作，充分发挥三支队伍（即人民解放军、武警、公安部队、预备役民兵，各个专业应急处置队伍，企事业单位职工、城乡民众及志愿者）的作用。四是社会主义制度和我们的政治优势、组织优势。五是实行预防为主、预防与应急相结合的方针。六是坚持以人为本，依靠法制，依靠科学，依靠群众和社会力量。七是全国人民万众一心和社会各界同舟共济。八是坚持改革开放，加强国际合作。

全国的应急管理工作正在发生可喜转变：由单项向综合转变；由处置向预防与处置并重，加强风险管理转变；由单纯减灾向减灾与可持续发展相结合转变；由政府统揽向政府主导、社会协同、公众参与转变；由单一地区应对向加强区域联动和加强国际合作转变。

总之，这十年是我们在建设中国特色应急管理道路上奋勇前进的十年，是我们经受各种灾难和风险考验并取得重大成就的十年，反映了我们党和政府在加强和创新社会管理方面的发展与进步，反映出我们党和政府把握时代发展需求、顺应人民共同愿望、不断开拓中国特色应急管理道路的决心。

二、居安思危，增强忧患意识，迎接公共安全的风险与挑战

当今各种传统的和非传统的、自然的和社会的、国内的和国际的、常规的与非常规的突发事件交织并存，应急管理工作面临许多新挑战。

进入21世纪以来，为有效应对严峻复杂的公共安全形势，美国、日本、德国等发达国家都在总结反思，加强了综合应急体系建设，呈现出一些值得我们重视的发展态势：坚持综合应对的应急管理理念；始终注重全过程的应急管理；普遍设立高规格、高权威的应急管理机构；充分发挥地方政府的应急管理责任；在政府主导下，全社会各方有序参与；应急法制体系比较完善、依法开展应急管理；构建了层次分明、运转有序的预案体系；高度重视防灾减灾与应急准备文化建设；充分发挥科学技术研究在应急管理中的支撑作用；等等。

通过一系列重大突发事件的洗礼，比照国际应急管理的先进经验，我国既有

的应急体系暴露出一些缺陷与不足。

一是我国应急管理和防灾减灾基础工作还比较薄弱，政府的社会管理和公共服务职能还不到位。一些地方和部门不同程度地存在着重表面、轻基础，重眼前、轻长远，重处置、轻预防，重效益、轻安全，重地上、轻地下等状况。

二是我国应急管理体制机制不够健全。既有的综合应急管理机构权威性不足、应急处置协调联动能力有限，特别是地区之间、部门之间、军地之间的资源共享和密切合作亟待加强；行政层级体系和权责还不顺，职责不清和效率低下的问题依然存在（既有过度响应的问题，也有响应缺位或不到位的问题）。

三是应急管理能力有待提高。监测、预警、应急处置能力和水平，特别是专业化应急救援的装备水平和处突能力、突发事件现场信息快速获取能力、各类应急物资的储备及资源共享管理体系建设等亟待加强，科技支撑能力不够。

四是全民忧患意识、风险意识淡薄，自救互救能力较差。领导干部的风险理念和危机处置水平亟待改进和提高。广大职工和群众的个人生活、行为习惯和自救互救能力与防灾减灾的要求相距甚远，与其本身不断增长的安全期待不相适应。

五是鼓励和引导社会力量参与应急管理和防灾减灾不到位，适应社会主义市场经济的风险管理和危机应对机制亟待健全。

六是应急法制建设亟待加强。目前，我国防灾减灾和应急管理体系建设中的各种弊端在现有法律法规上基本都有反映，如政府包揽过多、非政府组织（non-governmental organization，NGO）作用未充分发挥、市场机制不够、忧患意识不足、投入不足、动力不足、手段不足和多头管理等，“一事一法”的立法模式很容易导致资源整合、协调联动不够。

三、加强顶层设计和模式重构，构建具有中国特色和时代特征的应急管理体系

面对公共安全的风险挑战和国内外应急管理的发展态势，加强应急管理越来越成为全面履行政府职责的重要体现、创新社会管理的重要内容、人民群众的重要期盼和经济社会持续健康发展的重要支撑。

应急管理的顶层设计主要指应急管理的基本理念和愿景目标、组织架构和运行机制以及政策措施。在顶层设计中，我们主要基于以下考虑：要充分总结我国应急管理的经验教训，充分尊重各地、各部门的实践创新和经验，具有中国特色；充分借鉴世界各国和地区的成功经验；坚持改革创新，结合行政管理体制改革通盘考虑，增强系统性、整体性、协同性。

我国公共安全与应急管理体系建设的总体思路是：以科学发展观为指导，以服务全面建成小康社会为宗旨，以保障人民生命财产安全为根本，以做好预防和

应急准备为主线，以提高应对突发事件的能力和效率为核心，建设以人为本，依法应对，科技支撑，全灾种、全过程、全方位、全社会的，具有中国特色和时代特征的公共安全与应急管理体系。

（一）建立统一、权威、高效、综合的公共安全与应急管理体制

成立国家公共安全与应急管理的领导机构，统一领导、统筹协调自然灾害、事故灾难、公共卫生、社会安全等各类重特大突发事件的应对工作，使危机应对和准备工作更加充分、更有权威、更加高效统一。

加强国家公共安全与应急管理办公室的建设，使之成为国家公共安全应急管理委员会的常设办事机构，由国务院秘书长担任办公室主任，并由一位副秘书长担任专职副主任，切实提高综合应急管理机构的权威性、协调性，赋予其“综合协调，参谋助手，应急准备，值守督导”的职责，发挥好运转枢纽的关键作用。充分依靠和发挥各专业部门的作用，并使之做强，在应对突发事件时做到“召之即来、来之能战、战之必胜”；让综合机构做实，加强综合协调，防止重复建设，使应急资源备得齐、找得到、调得快、用得好。

按照“统一领导、综合协调、分类管理、分级负责、属地管理为主”的应急管理体制，将预防准备与应急处置的主体责任落实。国务院主要处置超出省级政府处置能力的重特大突发事件；省级政府确保辖区内突发事件的快速、有效应对；以城市为重点统筹辖区城乡的应急处置工作；切实提高基层的应急准备水平和第一响应者的应急能力。

进一步加强军地合作，充分发挥人民解放军、武警部队在处置重特大突发事件中的突击骨干作用，加强应急管理机制与国防动员机制的衔接，将国防动员应急力量纳入国家应急体系，平时应急、战时应战，确保国家安全和社会稳定。

（二）推进应急管理理念的转变，切实做好应对特别重大突发事件的准备工作

依据《中华人民共和国突发事件应对法》（简称《突发事件应对法》），应急管理是针对自然灾害、事故灾难、公共卫生事件和社会安全事件等各类突发事件，从预防与应急准备、监测与预警、应急处置与救援、恢复与重建等方面进行的全方位、全过程的管理。应急管理是个复杂的、开放的系统工程，应当树立以人为本，依法应对，全灾种、全过程、全方位、全社会的应急管理理念。

应急管理最重要的任务是不断地做好准备，包括思想准备、组织准备、预案准备、机制准备和工作准备。在战略上，从举国救灾向举国减灾转变；从不惜一切代价应急处置向千方百计做好应急准备，全力施救、科学施救转变；由政府统揽向政府主导、社会协同、公众参与转变。

按照底线思维的方法，立足于应对大灾、巨灾和危机。按照“服务决策，适度超前”的原则，构建国家重大突发事件（巨灾）情景，加强以“愿景—情景—

任务—能力”为核心的国家应急准备基础工作。进一步改进和完善我国应急管理规划，促进应急预案的修订，加强应急培训演练和应急准备能力建设。

鼓励非政府组织积极、有序地参与应急管理，建立健全社会力量全过程参与应急管理的长效机制；动员和组织企事业单位做好预防准备、履行好社会责任；加强文、理、工、管以及心理学等各类学科的融合；高度重视信息网络在公共安全和社会稳定中的作用，加强信息化建设；发挥市场机制的作用，建立综合灾害风险分担机制（包括巨灾保险机制）。

（三）抓紧修订《突发事件应对法》，完善应急管理制度建设

抓紧修订《突发事件应对法》。对应急法制体系的执法主体做出制度化安排，对应急管理的规则、程序、保障措施和补偿办法等做出具体的制度安排，确保应急管理工作权责明确、规则清晰、保障有力。

针对应急管理法制建设的空白领域和焦点领域，研究制定相关配套法律法规，如“综合防灾减灾法”“灾害恢复与重建法”“灾害保险法”“群体性事件预防与应对条例”“社会风险评估与管理条例”“安全生产应急管理条例”等法律法规，对应急管理动员机制、防灾减灾与应急准备、灾后恢复重建、巨灾保险机制、群体性事件预防与应对、社会稳定风险评估等重要问题做出制度化规范。

修订完善应急预案体系。修订完善应急预案体系，使之更具有针对性、可操作性，同时可以对既有的应急管理机制给予固化，对目前缺位的相关制度给予规划安排，切实提高保障公共安全和处置突发事件的能力。

制订国家重要基础设施与关键资源保护计划。以“风险治理”为核心和基础，制订国家重要基础设施和关键资源保护计划。按照“设施分类、保护分级、监管分等”的原则，对需要由国家层面统筹协调的重要基础设施和关键资源的防护抓好落实。同时，有重点、有步骤地推动全国开展重要基础设施和关键资源保护体系建设工作，建立健全重要基础设施和关键资源保护体系的长效工作机制。

（四）实施全民安全文化建设工程，提高全民的忧患意识和自救互救能力

加强公共安全文化的宣传教育和培训，使公共安全知识真正进农村、进学校、进企业、进社区、进机关、进家庭，切实加强街、乡、镇的社会动员与应急管理能力建设。

编制“全民安全文化建设纲要”，切实提高全民的忧患意识、风险意识，在全社会树立“自救、互救、公救”的理念。开创“社会和谐人人有责、和谐社会人人共享”的生动局面。

充分发挥各种媒体、文艺团体、文艺组织的作用和优势，运用群众喜闻乐见的多种形式，形成全社会良好的公共安全氛围。

建议充分发挥专家学者的作用，整理和总结我国几千年来形成的防灾减灾和

安全文化，编著出版“中华民族防灾与应急文化精选”等，使之成为社会主义文化建设的重要内容。

（五）加强各级人大和政协在应急管理工作上的监督作用，建立应急体系建设绩效评价机制和利益引导机制

充分发挥各级人大在加强应急管理中依法行使立法、修法、监督和问责中的作用。全国人大及其常委会认为必要的时候，可以依据《中华人民共和国宪法》第 71 条的规定组织关于特定问题的调查委员会，并且根据调查委员会的报告，做出相应的决议。

各级政府定期向人大报告公共安全形势和重大突发事件的处置情况，并接受人大的监督。

充分发挥各级政协组织及政协委员体察民意、通达社情、真知灼见的优势，建立符合我国特点的重大突发事件调查评估机制，对重大突发事件应对的全过程进行全面、客观、实事求是的评估，这对提高我国应急管理能力具有重要意义。由国务院牵头处置的特别重大突发事件，应由全国人大或政协组织力量进行第三方评估。由各级地方政府牵头处置的重大突发事件，应由同级人大或政协组织力量进行第三方评估，通过科学、公正的评估，真正将教训转变为知识、将知识转化为制度，进而将制度落实为行动。同时，建立健全应急管理体系的绩效评价机制和利益引导机制，使各级领导树立正确的政绩观。

（六）加强公共安全与应急管理的理论研究，大力提升应急管理的科技支撑水平

国家科技管理部门加大应急管理科研投入，依托相关科研单位、高等院校及社会组织加强应急管理的理论研究，通过应急管理实践案例剖析，加强应急管理的实务研究；建立和完善应急管理标准体系，加快制定应急管理基础标准、行业标准和应急装备技术标准。

进一步完善应急平台体系，完善指挥协调和情报信息共享机制，健全建设标准规范，加强互联互通和信息共享。

进一步加强对互联网虚拟社会和信息扩散的规律研究，分析探索虚拟社会应急管理中舆论引导的理论方法，加快开发面向微博等社交网络及各种移动终端设备的信息收集、数据分析和阻断消解等技术。

大力发展应急产业。开展突发事件预防保护、监测预警、应急响应、恢复重建与指挥决策等方面的共性、关键技术及装备研发，鼓励市场提供应急产品和应急服务，将应急科技成果及时转化为应急能力。

加强公共安全与应急管理的学科建设及复合型、交叉型的专门人才培养。

第一章

中国应急体系建设的发展历程

我国是一个有着五千年悠久历史的古国，在漫长的社会发展进程中，不断经历着各种各样的灾害和灾难，自古以来就积累了比较丰富的应急管理经验。例如，“居安思危，思则有备，有备无患”“安不忘危，预防为主”“凡事预则立，不预则废”“亡羊而补牢，未为迟也”等，这些安全观念和方略，无疑对当今的应急管理工作有着极有价值的借鉴意义。

中华人民共和国成立以来，我国逐步建立了以部门为主的应急管理模式，取得了重大成绩，为应急管理工作奠定了良好的基础。但随着形势的发展，这种模式已不能适应新的风险挑战，存在职责不够清晰、条块分割、信息沟通不畅、资源难以整合、协调力度不够等问题。随着 2003 年非典疫情的暴发，之前所建立的以部门为主的单灾种灾害管理体系也经历了一次严峻的挑战，并显示出其局限性。在认真总结 2003 年非典疫情的应对经验和教训的基础上，我国开始实行统一的领导体制，整合各种力量，确保提高突发事件的处置效率。因此，作为一个完整、巨大的社会系统工程，我国应急管理体系建设的时间并不长。

总体来看，我国应急管理体系是一个由政府和其他各类社会组织构成的应对突发事件的整合网络。它包括法律法规、体制机构（包括公共和私人的部门）、机制与规则、能力与技术、环境与文化。所有这些都是一个系统的因素，而这样的一个系统也是可以在一个国家或一个地区实行的。可以说，应急管理系统的活动和演变决定了一个国家应对突发事件的能力和效率。从我国应急管理系统的演变过程来看，自中华人民共和国成立以来，我国应急管理体系的发展大体经历了三个阶段：中华人民共和国成立之初到改革开放之前，改革开放之初到 2003 年非典事件，抗击非典以来的时期。

第一节 中华人民共和国成立之初到改革开放之前

中华人民共和国成立初期，由于战时体制及其他因素的影响，传统的计划经济运行，而与该经济体制要求相适应的政治体制的基本特征是以党代政、党政不分、权力集中，主要表现为地方政府间的横向联系完全受制于中央与地方关系状况，以高度集权为点、以层级的行政区划为构架；中央越是集权，各地方政府间的联系越少。这种政治体制对克服分散主义起了积极作用，但也破坏了民主集中制原则，形成机构重叠、人浮于事、办事效率低等诸多弊病。这种状况一直延续到改革开放初期。

在这种“一元化”领导体制下，各种灾害应对是建立在各个专业部门之下的，属于部门式分割管理，而且这些组织机构的职能与权限划分不明确。在应对突发事件时，政府实行党政双重领导，多采取“人治”方式，以部门、区域、学科相分离的封闭性、单一性的“统治”手段进行。因此，应急响应过程往往是自上而下传递计划指令进行信息沟通，地方政府的主观能动性不能充分发挥，往往被动应对突发事件，很难针对突发事件进行科学决策与有效管理。

第二节　改革开放之初到2003年非典事件

改革开放推动了具有中国特色的市场经济体制的建设与发展，而随之进行的行政体制改革则主要表现为党政分开、政企分开、权力重心的下移等，虽然相对于先前的集权体制有了很大的改善，政府的行政效率有了很大提高，但由于政府部门之间职能划分不够清晰，许多事项管理的权利、责任存在着条块分割、部门封锁现象，这种分散管理体制容易导致机构沟通不畅，很难协调统一、步调一致，对于许多事项，往往要由中央政府统一下令，各部门才相互配合。

在这种“分散化”的管理体制下，由于突发事件管理机构分属不同的管理部门，从而政府应急管理力量分散，表现为：“单灾种”的应急多，综合性的少；处置各类突发事件的部门多，但大都各自为政。因此，对于突发事件的管理，尤其是应对复合型突发事件需要多个部门协同运作的时候，就更显效率低下。同时，由于政府平时没有设置用以综合、统一应对突发事件的机构，因此，当重特大突发事件来临时，通常的做法是宣布紧急成立一个临时性协调机构，选派得力干部应对危机，待事件过后就撤销解散该机构，人员各自回归原单位，如此反复。这种主要依赖于政府现有行政机构，临时成立指挥部或领导小组开展应急管理的方法，在进行跨部门协调时工作量很大，效果也不明显。

这种情况在20世纪末出现了转机，产生了整合资源应对突发事件的管理思想的萌芽。1999年朱镕基总理提出政府建立一个统一的社会应急联动中心，将公安、交警、消防、急救、防洪、护林防火、防震、人民防空、公共事业等政府部门纳入一个统一的指挥调度系统。2002年5月，南宁市社会应急联动系统正式建立，提高了接警、处警和处理特殊、突发、应急、重大事件的快速反应能力。因此，我国的应急管理工作并不是在一张白纸上开展起来的。

但整体上看，当时这种临时响应、分散协调的模式最直接的后果，就是导致政府忽视了突发事件的预防与综合治理，这种状况一直延续到2003年非典事件暴发前。

第三节　抗击非典以来“一案三制”体系架构基本形成

党的十六大以来，党中央、国务院在深刻总结抗击非典经验教训，科学分析我国公共安全形势的基础上，审时度势，做出了全面加强应急管理工作的重大决策，以制定修订应急预案，建立健全应急体制、机制和法制为核心内容的应急管理体系建设（即“一案三制”）取得了重大成效。一是应急预案体系基本形成。截至2011年年底，我国已制定各级各类应急预案800多万件，基本形成了“横向到边、纵向到底”的应急预案体系，并开展了培训和演练。二是基本建立了统一领导、综合协调、分类管理、分级负责、属地为主、全社会参与的应急管理体制。所有省级人民政府、90%的地市人民政府、80%的县级人民政府成立了应急管理领导机构及其办公室。三是“统一指挥、功能齐全、反应灵敏、协调有序、运转高效”的应急机制逐步形成。各级突发事件专项指挥机构和协调联动机制逐步完善，并相继建立了泛珠三角、黄渤海和黄河中游四省等区域应急联动合作机制。四是应急管理法制建设得到加强。颁布实施了《突发事件应对法》《中华人民共和国食品安全法》等，修订了《中华人民共和国消防法》《中华人民共和国防震减灾法》等法律法规。五是应急管理“六进”（进社区、进企业、进农村、进学校、进机关、进家庭）、“五有”（有预案、有机构、有队伍、有物资储备、有科普宣传）取得初步成效，基层应急管理能力不断提高。

2003年之后，可以说，我国应急管理系统实现了历史性的跨越：提高了各级领导和全社会对应急管理工作的认识；构建了国家应急管理系统的整体框架；提高了整个国家应对各种突发事件的能力；降低了各种灾害给人民生命财产带来的损失。

然而，2008年之后我们又遭遇了一些新的突发事件，以“一案三制”为核心的应急管理体系在成功应对2008年南方雨雪冰冻灾害、汶川地震等特大突发事件中发挥了重要作用，但也暴露了一系列深层次的问题，它们并不仅仅带来了新的机遇，更是带来了挑战：我国以“一案三制”为核心的综合性应急管理体系建设究竟取得了哪些成就；目前面临的挑战是什么；我国应如何超越现有的成绩，做好未来的规划与设计，尤其是如何对应急管理体系进行顶层设计和模式重构。对这些问题的研究与探讨，可以更加清晰地帮助我们看到我国应急管理系统的历史进程及未来的发展趋势。

◈ 拓展阅读

2008年南方雨雪冰冻灾害应急处置的教训与启示

——摘自《低温雨雪冰冻灾害抢险抗灾调研报告》

2008年年初，我国南方多省遭受低温雨雪冰冻灾害，在党中央、国务院的部署和指挥下，取得了这次抗灾救灾的重大胜利，得到了社会各界和国际方面的充分肯定。但此次灾害及其衍生、次生灾害的突发性、复杂性和危害性，也凸显了我国在工业化、城镇化的快速进程中煤、电、油、运等生命线工程的脆弱性，反映了我国灾害防范和公共危机应对能力还有许多亟待改进和加强的地方。

(1) 应急管理体制机制有待进一步完善。一是应急管理机构建设，特别是市、县级应急管理机构建设普遍滞后。二是条块联动机制和信息互通机制问题比较突出。在灾害早期，出现信息流不畅，甚至系统性紊乱的现象。例如，高速公路沿线和一些重要交通枢纽只着眼于减轻自身车流、人流压力，很少考虑全局利益，信息不对称，造成部分道路交通阻塞和滞留加重，延缓了救灾进程。

(2) 预案可操作性和各预案之间的有效衔接亟待加强。此次灾害源于历史罕见的极端气候，此前，各地各部门虽然制定了许多相关部门预案，但缺乏针对重大气象灾害的专项预案。同时，这次灾害还暴露出现有的一些预案之间缺乏衔接、内容不完备、操作性差等问题。特别是一些基层预案，对如何启动、部门职责等核心内容没有准确表述，实际操作中无从下手，预案的培训演练更是不够。

(3) 灾害预测预警能力亟待提高。在四次低温雨雪冰冻天气过程中，气象部门做出了较为准确的预报，但由于监测手段和科技水平有限，以及对重大气象灾害形成机理研究不够等，预报工作中还存在周期短、对灾害性天气的持续性和强度估计不足等问题。同时，由于缺乏电力、交通等专业气象监测的历史数据和相关信息，也就缺乏对灾害性天气给电力、交通乃至经济社会可能造成的危害预评估和相应的灾害预警。

(4) 应急救援装备设施和物资储备明显不足。在灾害应对中，部分地方抢险救援专业设备、技术手段和物资储备明显不足，如一些必备的除雪车、防滑链、平地机、铲车、麻袋、工业盐及个人防护装备等准备不充分，底数不清。有的地市甚至还找不到一部卫星电话。一些地方应急生活物资储备滞后，难以保障受灾群众急需的食品、蜡烛、煤油等基本生活必需品和应急物资需求，给受灾群众的生活带来一定影响。

(5) 基础设施建设水平不能满足防灾抗灾需求。一是电力线路及设施大面积受损暴露了其系统的脆弱性。此次灾害造成湖南、贵州和江西等多个市县出现大面积停电事故，部分地方的电网遭受了毁灭性破坏，反映出我国在电源布局、电网建设标准、应急融冰技术等方面还存在很多不足。二是公路铁路总体通行能力有限。京珠高速在粤北、湘南路段平时就常“卡脖子”，这次堵塞更为严重。近年来，地方政府对国省道的改扩建工作进展缓慢，造成国省道通行能力低，难以适应车辆分流任务。铁路运力紧张问题每年在春运期间和大宗生产物资运输中都十分突出。三是供、排水等城市公共设施建设标准低，不适应气候变化和现代社会发展要求。一些设施超期服役，抵御自然灾害的能力相当脆弱。

(6) 全社会的风险意识还需进一步提高。一是一些地方和部门缺乏忧患意识和存在侥幸心理，这次灾害经历了一个雪景—雪多—雪灾—雪难的过程，暴露出我们早发现、早报告、早控制、早解决的能力不强，一些领导同志依法处置，科学决策能力有待提高。二是公众防灾、减灾、避灾意识薄弱，缺乏应急自救互救能力。城乡居民普遍缺乏蜡烛、手电等备灾准备，一些地方发布了灾害信息，但大量车辆仍陆续进入已拥挤不堪的高速公路，有的驾驶员还抢占应急通道，造成局部路网的彻底瘫痪。三是灾害保险覆盖面很低。这次灾害的保险赔偿金额占灾害损失的比例很低。绝大多数企业、农户和基础设施没有参加保险，森林保险制度尚未建立。

第二章

中国有关行业和部分省市应急体系建设实践

2003 年抗击非典事件是我国综合性应急管理体系建设的起点，其核心的内容被简要概括为“一案三制”。2003 年以来，各地各部门按照党中央、国务院总体部署，按照科学发展观、构建和谐社会的要求，从各地自身的功能定位出发，做出了全面加强应急管理工作的战略决策。自此，我国综合性应急管理体系从无到有、从小到大，迈入系统化和规范化发展的新阶段。以“一案三制”为核心的应急体系建设取得明显进展。

我国有关行业和部分省市应急体系建设的实践是我国应急体系建设的生动写照。

第一节　公安消防部队应急救援能力建设情况

公安消防部队既是公安机关的一个重要警种，又是中国人民武装警察部队序列的一支现役部队。多年来，在公安部党委的直接领导下，公安消防部队广大官兵牢记党和人民军队“全心全意为人民服务”的唯一宗旨，紧紧围绕经济社会发展大局，认真履行法律赋予的职责，在完成防火、灭火任务的同时，积极参加其他灾害事故的抢险救援，努力为党委、政府分忧，为人民群众解难，已成为我国突发灾害事故应急救援的专业骨干力量。

一、公安消防部队积极拓展应急救援职能

改革开放以来，我国经济社会快速发展，城市化、工业化和市场化进程不断加快，各类致灾因素增多，灾害事故易发多发，重特大突发事件时有发生，对公共安全造成严重威胁。随着社会维护生命财产安全的需求日益增长，迫切需要一支闻警即动、通用性强、专业精干、处置高效的应急救援队伍。20 世纪 90 年代

初，成都市公安消防部队适应形势和任务的需要，在完成防火、灭火工作任务外，积极开展灾害事故抢险救援，向社会公开做出“有警必接、有灾必救、有险必抢、热情服务”的庄严承诺，竭力为百姓办好事、解难事，小到高楼取钥匙、摘马蜂窝、关天然气，大到处置危化品泄漏、建筑物垮塌事件和重大交通事故，均及时有效地实施救助救援。随即，上海、天津、厦门、沈阳、青岛、昆明等地公安消防部队，也立足实际、勇于实践，探索开展了各具特色、富有成效的抢险救援工作，为保卫国家和人民生命财产安全、维护社会稳定做出积极贡献，赢得各级党委、政府和广大人民群众的高度赞誉。

2002 年 8 月，公安部在四川成都召开“全国公安消防部队抢险救援工作会议”，推广成都等地开展抢险救援、社会救助工作的经验，动员全国公安消防部队把人民群众的呼声作为第一信号，把人民群众的需要作为第一选择，把人民群众的满意作为第一标准，把人民群众的要求作为第一考虑，积极拓展抢险救援职能，走多功能发展之路。会后，公安部印发了《公安部关于进一步加强和规范公安消防部队抢险救援工作的通知》（公通字〔2002〕48 号）。从此，全国公安消防部队全面启动应急救援工作。

公安消防部队实行军事化管理，建制、指挥体系比较完整，昼夜执勤、机动性强、装备精良、训练有素，与其他救援队伍相比，担负应急救援工作具有明显优势。为此，党中央、国务院高度重视公安消防部队建设，“成都会议”后，中央财政 3 次拨专款 6.27 亿元，专项增编 3000 人，地方财政配套近 40 亿元，在直辖市、省会市、副省级市和部分地级市组建消防特勤大队和特勤中队，选配精干人员、配置特种装备、开展特种训练，处置特殊灾害事故的能力得到了显著提升。

二、公安消防部队应急救援工作快速发展

2005 年 7 月，国务院召开应急管理工作会议，2006 年 1 月，国务院发布《国家突发公共事件总体应急预案》之后，随着我国应急管理“一案三制”建设的不断推进，公安消防部队全面加强队伍和能力建设，积极参与各类突发事件处置，应急救援工作得到快速发展。

（1）应急救援法规制度进一步完善。2006 年《国务院关于进一步加强消防工作的意见》，要求公安消防部队除完成火灾扑救任务外，要积极参加以抢救人员生命为主的危化品泄漏、道路交通事故、地震及其次生灾害、建筑坍塌、重大安全生产事故、空难、爆炸及恐怖事件和群众遇险事件的救援工作；2009 年 5 月 1 日实施的新修订的《中华人民共和国消防法》要求公安消防部队按照国家规定承担（修订前为“参加”）重大灾害事故和其他以抢救人员生命为主的应急救援工作；2011 年《国务院关于加强和改进消防工作的意见》，进一步强调加强以公安消防部队为依托的综合性应急救援力量建设。为认真贯彻落实新修订的《中华人民共和国消防

法》和《国务院关于加强和改进消防工作的意见》，公安部出台了《关于加强公安消防部队应急救援工作的指导意见》，公安消防部队的应急救援职责更加明确。

(2) 应急救援预案体系更加完备。在《国家突发公共事件总体应急预案》框架下的25个专项预案和80个部门预案中，已有62个将公安消防部队作为主要力量，担负各类灾害事故处置任务。近年来，公安消防部队通过开展重大危险源调查评估，科学研判辖区灾害事故特点规律，针对不同类型灾害事故处置需要，完善预案编制模式，依托信息化平台建立了灭火救援预案系统。目前，已制定各类应急预案58 987份，其中省级预案638份、市级预案10 981份、县级预案47 368份。同时，着眼于防控重特大灾害事故需要，在全国划分东北、华北、华东等8个应急救援协作区，分别制定跨区域灭火救援和反恐处突应急预案，强化区域协同联动。特别是四川汶川、青海玉树地震后，针对重特大地震灾害，制定了一次性调集3万、2万、1万、5000公安消防部队兵力的跨区域地震救援应急预案，并分级组织开展了实战演练。

(3) 应急救援力量网络初步形成。我国公安消防部队现有编制16.4万余人，共设有31个省（自治区、直辖市，不包括港澳台地区）总队（正师级）、430个市（地、州、盟）支队（副师或正团级）、3318个县（市、区、旗）大队（副团或正营级）和4264个中队（副营或正连级），以及1个全国性的消防警官培训基地和2所消防学校，公安部还有4个消防研究所，各总队都建有不同规模的消防培训基地。尤其是在中央和地方财政的支持下，组建了承担特殊火灾扑救和特种灾害事故抢险救援的消防特勤支队4个、特勤大队60个、特勤中队471个，消防特勤力量在四川汶川“5·12”、青海玉树等特大地震抗震救灾中发挥了攻坚作用。2009年《国务院办公厅关于加强基层应急队伍建设的意见》（国办发〔2009〕59号）和2010年《国务院关于进一步加强防震减灾工作的意见》（国发〔2010〕18号），要求县级人民政府以公安消防队伍及其他优势专业应急救援队伍为依托，建设“一专多能”的综合性应急救援队伍。目前，我国31个省（自治区、直辖市，不包括港澳台地区）和地级以上城市均依托公安消防部队组建应急救援总队、支队，97%的县（市、区、旗）组建应急救援大队，29个省（自治区、直辖市）依托公安消防部队组建省级地震救援队，并参照国际地震救援队建设模式组建重型地震搜救队144个、轻型地震搜救队408个。在国家规划建设的8个国家级陆地搜寻与救护基地中，有6个依托河北、辽宁、浙江、广东、重庆、新疆公安消防部队建设，作为国家应急救援机动力量。此外，全国还组建10个消防区域应急救援物资储备库和112个城市消防战勤保障大队，并在山东和云南建立了消防搜救犬培训基地。近年来，由于中央和地方政府对消防工作的高度重视，公安消防部队年度经费已达400余亿元，各类灭火和应急救援执勤车辆从2005年前的1.3万余台增加到2012年的2.6万余台，防护、侦检、救生、破拆等特种器材装备增加至 424 万余件（套）。

(4) 应急救援机制逐步健全。针对不同层级的灾害事故应急预案，公安消防部队建立了四级应急救援响应机制：一级为跨省（自治区、直辖市）救援，由公安部根据党中央和国务院要求组织实施；二级为跨市（地、州、盟）救援，由省（自治区、直辖市）公安厅（局）及公安消防总队组织实施；三级为跨县（市、区、旗）救援，由市（地、州、盟）公安局及公安消防支队组织实施；四级为县级区域内救援，由县（市、区、旗）公安局及公安消防大队组织实施，同时报上级机关。在日常灾害事故处置和四川汶川“5·12”、青海玉树地震以及甘肃舟曲泥石流等重特大灾害救援中，由于应急机制比较完善，公安消防部队均在第一时间快速反应、全力开展应急救援工作，取得显著成效。同时，通过综合性应急救援队伍建设平台，公安消防部队大力加强与安监、地震、卫生、民政、环保、交通、水利、建设、教育、电力等有关部门及其他专业力量协作，完善了信息共享、预测预警、资源调配和应急联动机制。2003 年民政部与公安部联合下发《关于共同加强突发灾害应急救援工作的通知》（民发〔2003〕85 号），建立了民政救灾和公安消防应急联动救援机制；2005 年公安部与卫生部[①]联合下发《关于做好灭火救援现场紧急救护工作的通知》（公通字〔2005〕72 号），建立了医疗急救和公安消防应急联动救护机制；2011 年公安部与环境保护部在山西朔州召开现场会，在全国推广环境保护与公安消防应急联动机制建设的做法。

通过多年建设与发展，公安消防部队应急救援和社会救助占接警出动总数的比例，从 2000 年的不到 10%上升到 2011 年的 81%。2006～2011 年，全国公安消防部队共接警出动 264.1 万次，其中，扑救火灾 77.1 万次，参加灾害事故抢险救援和群众遇险社会救助 135.8 万次，抢救和疏散遇险人员 43 万多人，保护财产价值 3200 余亿元。在 2008 年四川汶川特大地震抗震救灾中，公安消防部队 1.3 万名特勤官兵快速援救，从坍塌建筑废墟中搜救人员 8100 多名（其中生还 1701 人），转移解救被困群众 51 730 人、医疗救助 13 109 人，成为抗震救灾中救援生还率最高的专业救援队伍；在 2010 年 7 月 16 日大连中石油国际储运有限公司特大油库爆炸火灾扑救中，公安部刘金国副部长坚守一线指挥，辽宁省公安消防部队 2380 余名官兵舍生忘死、英勇奋战，成功扑救了 10 万立方米油罐大火。2009 年 8 月 18 日，胡锦涛总书记针对湖南省公安消防部队宋文博同志抗洪救灾以身殉职的事迹，做出“努力建设一支‘忠诚可靠、服务人民、竭诚奉献’的消防队伍”的重要批示；2011 年 9 月 15 日，温家宝总理视察慰问大连市公安消防部队时指出：在汶川地震的时候，由于消防官兵平时训练有素，又有特殊的装备和专业技术，因此在急难险重的任务面前能够发挥极大的作用，是一支人民

① 现为国家卫生和计划生育委员会。

信赖的好队伍；在中石油大连石化储罐火灾扑救中，消防官兵不仅英勇顽强，而且合理部署，科学施救，在大火面前临阵不乱，有序开展灭火救援，是一支任何困难都难不倒的钢铁部队。

三、公安消防部队应急救援工作展望

我国是世界上自然灾害较为严重的国家之一，灾害种类多、分布地域广、发生频率高，严重威胁人民群众生命财产安全。面对严峻的挑战和日趋艰巨的任务，公安消防部队应急救援工作与经济社会快速发展的形势、与保障人民群众生命财产安全需求还有一定的差距，主要表现在：消防专业力量有待进一步加强。截止到2012年，全国尚有465个县（市、区）未建立专业消防队伍，公安消防部队编制员额不到全国总人口的万分之二，低于发达国家万分之十以上、发展中国家万分之五左右的比例。应急救援机制有待进一步完善。虽然各地依托公安消防部队建立了综合应急救援队伍，但在现行“单一灾种防灾减灾”管理模式下，公安消防部队与其他部门及专业力量的任务职责还不够明晰，存在协调不够顺畅、信息不能共享等问题。应急救援经费投入有待进一步加大。公安消防部队基础设施和装备建设经费主要依靠地方财政投入，受地区经济差异影响，消防队站建设和车辆装备配备还不够平衡，西部地区欠账较多，一定程度上影响了应急救援工作的开展。为更好地履行法律法规赋予的职责与使命，今后，公安消防部队将重点加强以下方面工作。

（1）多措并举，发展壮大应急救援专业力量。积极争取中央在“十二五”期末增加现役消防编制，着力解决消防力量的“空白点”。同时，推动地方政府大力发展多种形式消防队伍，将企事业专职消防队、地方公安专职消防队和社区、乡镇专兼职消防队、保安队伍等纳入消防力量体系，进一步巩固和加强应急救援力量，缓解消防警力不足的矛盾。

（2）完善机制，不断提升应急救援保障水平。推动各级政府把公安消防部队应急救援工作纳入当地经济社会发展总体规划，加快城乡公共消防基础设施建设，合理布局消防队站，提升消防装备的科技含量。争取中央和地方财政的大力支持，推动制定应急救援队伍人员编配、装备配置、业务训练和工作运行保障的经费标准，将其纳入本级财政预算保障，适应应急救援任务需要。

（3）勇挑重任，充分发挥应急救援突击队作用。深入践行全心全意为人民服务的宗旨，主动作为、积极回应党和人民的新期待、新要求，大力推进以公安消防部队为依托的政府综合应急救援队伍建设，不断完善社会应急救援联动机制和预案体系，强化应急救援专业训练、演练，健全综合应急保障体系，提升应对各类灾害事故的科学施救水平，更好地发挥应急救援的突击队和主力军作用。

第二节　国家安全生产应急救援体系建设经验

党的十六大以来，党中央和国务院始终坚持以人为本、执政为民的理念，坚定不移地以科学发展观为引领，大力推进科学发展、安全发展，采取一系列重大举措，加强安全生产工作，实现了从 2003 年开始连续 9 年事故起数和事故死亡人数的“双下降”，出现了与 2002 年相比的“五个明显下降”，安全生产状况呈现出总体稳定、持续好转的发展态势，安全生产应急管理工作取得了明显成效。

十年来，在安全生产和应急管理工作中，在建设更加高效的安全生产应急救援体系的进程中，国家安全生产监督管理总局积累了一些经验，可以概括为“以人为本是根本，体系建设是重点，提升能力是关键”。

一、始终坚持以人为本的应急管理理念

以科学发展观为指导思想，始终坚持以人为本的根本理念。在大量安全生产和应急管理尤其是应急救援的实践中，国家安全生产监督管理总局对围绕这一指导思想所展开的一系列为民爱民的行动措施有着更为深切的体会和感受。各级政府在事故抢险救援工作中，及时发挥组织指挥作用，科学有序地进行救援，全面调动凝聚社会各方力量，形成一方有难、八方支援，万众一心、众志成城的强大救援合力，有效地保证了救援行动的成功。在当前经济下行压力增大、煤炭等能源需求量大幅缩减的情况下，始终保持安全生产应急建设的投入力度，做到应急救援需要什么就投入准备什么；出台多项政策，实施多个举措，为安全发展、科学救援带来了成效，为维护人民群众生命安全带来了实实在在的成果，充分体现了党中央和国务院对安全生产和应急管理工作的高度重视，更体现了一切从人民利益出发，一切为了人民的伟大情怀。

在科学发展观引领下，围绕以人为本这一核心，安全生产和应急管理工作丰富展开、生动实践、扎实落实，每一项法律法规、每一项方针政策、每一项措施目标都始终贯穿着保障人民生命和健康的理念，每一个环节、每一个步骤、每一个要求都体现着关爱生命、生命至上的思想。在安全生产应急救援中，切实做到“五个坚持”：坚持五个一切（不惜一切代价、调动一切资源、争取一切时间、想尽一切办法、采取一切措施），坚持永不放弃，坚持饱含感情，坚持科学施救，坚持安全施救。在以人为本理念的指导下，安全生产和应急管理工作在夯实基础、加快建设、不断发展的征程上大步前进。

二、努力推动安全生产应急能力的全面提升

建设更加高效的应急救援体系，是党和政府在加强安全生产工作方面做出的一项重要决策，是贯彻“以人为本，科学发展”的重要举措。围绕具体要求，安全生产应急救援体系建设工作大力推进，安全生产应急能力全面提升。

一是以国家矿山应急救援队建设为契机，努力提高应急综合救援能力。建设国家矿山应急救援队是建设更加高效的应急救援体系的主要任务，体现了党和政府对安全生产工作的深谋远虑和对人民群众特别是矿工生命财产安全的深切关怀。2011 年 1 月，国家确定在东北、华北、中南、华东、西南、西北六大区域建设 7 支国家矿山应急救援队。国家矿山应急救援队建设按照“国内领先、国际一流”的标准，积极探索出了一条国家、地方和依托企业三结合的建设模式。其中开滦、大同和平顶山等国家矿山应急救援队建设试点结合实际，探索了“四队一组”（救援队、排水队、钻探队、医疗队和专家组）极具安全生产应急救援特色的专业队伍构成，形成了“六加一”（一套建设标准、一套制度规范、一套教育训练教材、一套应急行动预案、一套示范演练科目、一套基础设施和自身建设各具特色）的成果，为安全生产应急救援队伍建设创造了经验、树立了样板。通过“硬件”与“软件”建设相结合，协调推进了组织、装备、设施、制度和素质等建设，努力将国家队建设成为力量雄厚、装备精良、技术精湛、训练有素、作风过硬、能打善战，关键时刻“拉得动、动得快、打得赢”的应急救援队伍。国家矿山应急救援队的先导示范作用，加快了区域性矿山应急救援队伍、矿山和危化骨干等地方应急救援队伍、中央企业培训演练基地和应急救援队伍建设步伐。与此同时，积极推进了油气田、船舶溢油、道路交通、铁路运输、水上搜救等行业（领域）国家救援基地和队伍建设。截止到 2012 年，以各专业应急救援队伍体系为基础的整体应急救援队伍体系已经形成，全国各行业（领域）安全生产应急救援人员共 35 万人，与 2006 年相比增长了 40%。安全生产应急救援队伍不断发展壮大，应急综合救援能力显著增强。

二是以完善安全生产应急预案为抓手，努力夯实安全生产应急基础。安全生产应急预案编制和管理是建设更加高效的应急救援体系中的基础工程，始终是安全生产和应急管理花大力气建设的一项重要工作。通过依法强化、扎实推进，安全生产应急预案体系建设不断取得新进步，已形成了上下衔接、政企配套，覆盖各地区、各部门、各生产经营单位“横向到边、纵向到底”的安全生产应急预案体系。与此同时，省、市、县三级安全生产应急预案报备制度的建立，安全生产应急预案动态修订工作的不断加强，更加提高和促进了应急预案的质量和政企预案的衔接，特别是安全生产应急演练活动的常态化，有效提高了安全生产应急预案的针对性和实用性，锻炼了队伍、磨合了机制、完善了预案、提高了能力。自

2008 年国家安全生产监督管理总局确定每年 6 月的第 3 个星期为应急预案演练周以来，安全生产应急演练工作更是呈现出蓬勃开展的局面，安全生产应急预案体系建设工作不断迈上新台阶。

三是以安全生产应急管理机构建设为重点，努力提升应急组织能力。建设国家、省、市三级安全生产应急救援指挥中心，建立健全安全生产应急管理和应急救援指挥体系，是有效履行安全生产应急管理工作职责的组织保证。安全生产应急管理机构建设工作按照统一领导、分级负责、条块结合、属地管理的原则，加大力度、加强指导、协调组织、严格落实，全国省级安全生产应急管理机构的全部建立，市、县两级政府和国家相关部门、高危行业和中央企业安全生产应急管理机构不断取得新发展，从而加强了救援的组织保证，提高了救援资源的整合能力，提高了救援的科学调度水平，基本达到了反应灵敏、协调有序、运转高效的目标。

四是以安全生产应急平台建设为手段，努力提高预警预测、信息支持能力。建设国家、省、市三级安全生产应急平台体系，是建设更加高效的应急救援体系的重要内容。按照工作体制统一、系统功能完备、基础设施配套、制度机制健全的原则，安全生产应急平台体系建设工作统筹规划，突出建设重点，紧密结合实际，狠抓工作落实，强力向前推动。目前，国家、省、市、重点县和高危行业企业、应急救援队伍构成的上下一体的应急平台组织体系初步形成，构建了全国安全生产应急平台体系的基础支撑环境。同时，在统筹推进的过程中，探索出了建用结合、综合集成的做法，充分发挥了应急平台的风险预控、监测监控、预警预报、资源管理、指挥协调等作用，有力地保障了工作有效开展。

五是以安全生产应急救援协调联动机制为中心，努力提高应急协调能力。安全生产应急救援协调联动机制是新形势下有效应对重大突发事件，加强部门、行业、区域联动和军地合作的积极探索。国家安全生产监督管理总局与相关部门建立了预警工作机制、签订了应急联动合作协议、建立了国家安全生产应急救援联络员会议制度；华北、东北、华东、中南、西南、西北六大区域建立了矿山危化品应急救援联动机制；部分省建立了应急管理合作联席会议制度和区域海上应急处置合作机制；部分中央企业也建立了企业间应急联动机制。各类应急救援资源进一步得到合理配置和高效利用，通过信息共享、技术支持、联合行动、共同处置等方面的合作，加强了跨地区、跨行业应急救援的指挥协调，在预防和处置重特大事故中发挥了重要作用，有效降低和减少了重特大生产安全事故和其他突发事件的影响和损失。

六是以加强应急救援装备建设为途径，努力提高应急支撑和保障能力。“十一五”时期，国家和地方各级政府投入资金 20 多亿元，企业投入资金近 200 亿元，加强了各类应急救援队伍基础设施建设，配置了高精尖救援设备，增配了特种大型装备，有效改善了应急救援的条件，提高了技术装备水平。通过加大产学研结合力度，围绕煤矿瓦斯等爆炸、危化品泄漏爆炸、油气田井喷泄漏等典型工业灾害事故的抢险救援，高层建筑火灾、城市管道泄漏燃烧的监测预警和应急救援，以及地震、海啸等自然灾害引发事故灾难的抢险救援，组织开展了科研攻关，一批应急救援新技术、新装备和新材料得到推广和应用。同时，安全生产应急物资储备品种和规模及应急工业品储备管理办法得以统一规划和制定，安全生产应急物资储备工作明显加强，提升了应急保障能力。

三、安全生产应急能力提升彰显救援成效

通过建设更加高效的应急救援体系，安全生产应急管理基层基础工作更加夯实，安全生产应急管理法制体制机制进一步完善，安全生产应急救援技术和装备水平有效提高，安全生产应急救援保障工作不断强化，安全生产应急处置能力明显增强。大量安全生产应急救援成功的事实彰显了以人为本的光辉思想，展现了安全生产应急能力不断提高的可观成果，显示了安全生产应急救援的中国力量。

据不完全统计，近年来，我国各类安全生产应急救援队伍平均每年直接抢救生还事故灾难遇险人员达 1 万多人。2011 年，矿山救护队参与事故救援达 3102 起、抢救遇险人员 8751 人，全国危化品应急救援队伍参与事故救援 11 673 起、抢救疏散遇险被困人员 25 910 人；公安消防部队、海上搜救中心应急救援队伍等，参加了多起火灾、海难等事故和突发性事件的抢险救灾与应急处置，挽救了大量的生命和财产。各级各类应急救援队平均每年参加预防性安全检查技术服务近 18 万次，排查或协助排查治理隐患约 60 万项。同时，安全生产应急救援队伍还承担了大量的社会灾害抢险救灾工作，以及奥运会、世博会、亚运会等重大活动的保障工作。在抗击严重低温雨雪冰冻灾害，以及汶川地震、玉树地震、舟曲泥石流和云南省昭通市彝良县地震等自然灾害的抢险救灾中，为保护人民群众生命财产安全做出了突出贡献。安全生产应急救援队伍在事故救援中的主力军作用、在事故防范中的关键作用、在各类灾害抢险救灾中的骨干作用发挥得越来越突出。

第三节　突发公共卫生事件应急体系建设情况

卫生应急作为公共卫生的重要内容之一，是顺应社会需要而产生，随着社会发展而发展的。卫生应急工作为人民群众的身体健康和生命安全提供重要保障，不仅是卫生医疗事业的重要组成部分，也是维护公共安全的必然要求。2003 年战胜非典疫情后，中国政府提出了坚持以人为本，坚持科学发展观，要求全面加强和大力推进应急管理工作，明确提出要完善重大疾病防控体系，提高突发公共卫生事件应急处置能力。根据国务院的统一部署，卫生主管部门研究总结各类突发公共卫生事件的特点及其发生发展规律，结合我国经济社会发展需要，一手抓管理创新，建立完善卫生应急管理法制、体制、机制和预案，一手抓应急能力建

设，不断提升卫生应急指挥决策、监测预警和现场处置等核心能力，卫生应急体系建设取得了明显进展，并积累了一些经验。

（一）坚持预防为主，建立和完善卫生应急预案和规范

卫生部始终将建立完善预案体系作为一项重要的基础性工作和紧迫任务进行研究部署，努力提高卫生应急预案的科学性、规范性和系统性，不断扩大、深化预案覆盖的广度和深度。在国家层面，建立了两个国家专项预案、多个不同种类卫生应急单项预案、若干个卫生应急技术方案和工作指南的部级预案框架；在地方，各地结合实际制订了相应的地方卫生应急预案和方案，整体上初步形成了纵向到底、横向到边、上下呼应、门类比较齐全的卫生应急预案体系，为全面提高危机管理和抗风险能力，推动卫生应急工作关口前移，做好突发事件尤其是突发公共卫生事件的预防和处置工作提供了科学规范的理论依据。

（二）加强创新管理，着力推进卫生应急管理体制建设

卫生部以设立应急工作机构为基点，在工作中不断加强创新管理，扎实推进了卫生应急管理体制建设。2004 年卫生部成立了卫生应急办公室。截至 2010 年，100％的省级、42.3％的地市级、18.8％的县级卫生行政部门以及部分技术支持部门（包括国家和大部分省级疾病预防控制中心，部分卫生监督机构、二级以上医疗机构）成立了卫生应急办公室。加强了突发公共卫生事件应急处置的综合协调力度，理顺了卫生应急管理机构内部职能，充分发挥疾控、医疗、卫生监督以及其他功能体系的作用。在管理创新方面，针对以往突发公共卫生事件应对管理职能分散、日常准备工作薄弱、事件处置效率不高等问题，改进内部管理体制，明确专门机构或部门承担卫生应急管理职责，提高了突发事件卫生应急管理效能。目前，全国已初步建立起统一领导、综合协调、分类管理、分级负责、属地管理为主的卫生应急管理体制，对于有力、有序、有效完成各级卫生应急任务发挥了重要作用。

（三）依据实战经验，探索了部门间、军地间、区域间的高效协调联动模式

卫生部按照统一指挥、反应灵敏、协调有序、运转高效的要求，根据不同类型事件的防范和应对工作需要，建立了多部门、跨区域的卫生应急协调机制。一是建立了信息沟通和措施联动机制。卫生部牵头会同 30 多个部门建立了多部门突发事件卫生应急协调机制，与总参作战部、总后卫生部建立了军地卫生应急合作机制，与武警部队建立了卫生应急协作机制。2004 年以来，卫生部与 30 多个相关部门及军队、武警系统分别建立了人畜共患病防治、口岸突发事件应对、医药储备物资调用等一系列联动机制。二是与相关部门建立了单项的协作机制。与农业部建立了人畜共患疾病联防联控协调工作机制，与国家质量监督检验检疫总局（简称国家质检总局）建立了口岸突发公共卫生事件联防联控协调机制，与中

国气象局建立了应对不良气象条件引发的公共卫生事件合作机制等。三是积极推进跨地区联防联控机制建设。卫生部与香港卫生福利及食物局、澳门社会文化司签订了突发公共卫生事件应急机制合作协议，与香港、澳门、台湾地区卫生部门以及世界卫生组织和周边部分国家建立了突发公共卫生事件信息通报技术支援机制。与相关部门建立了《国际卫生条例（2005）》实施工作组，推动北方九省、南方五省建立鼠疫联防联控机制。

十年来，卫生部在各部门的大力支持下，通过科学研判突发公共卫生事件发展规律，及时落实突发公共卫生事件防控和其他突发事件紧急医学救援等各项工作，成功处置了非典疫情、甲型 H1N1 流感、新疆脊灰疫情等重大突发公共卫生事件，进一步深化、落实了“联防联控工作机制”。在汶川地震、玉树地震、舟曲泥石流灾害等重大灾害的医学救援中，创造了“军警地协同一体化，前后方指挥一体化”的应急工作新模式。将事件对人民群众身体健康的危害、对经济社会生活正常秩序的影响降到最低，得到了广大人民群众的肯定和国际社会的赞誉。

（四）依靠法制保障，积极探索建立科学规范的卫生应急管理模式和工作制度

依据《突发事件应对法》和《突发公共卫生事件应急条例》，卫生部制定了一系列卫生应急预案，形成了包括总体预案、专项预案、部门预案、单项预案等不同类别，涵盖从中央到地方不同层级的卫生应急预案体系。建立了突发事件公共卫生风险评估机制，将风险评估纳入常态化的工作轨道，并且针对重大突发公共卫生事件、自然灾害、事故灾难和大型活动等开展全面深入专项的风险评估。在能力建设方面，一是加快卫生应急指挥决策系统的建设步伐。自 2005 年以来，在中央财政支持下，先后启动了省、市两级突发公共卫生事件应急指挥决策系统的建设，为实现统一、协调、高效运转提供了重要保障。二是加强突发公共卫生事件监测预警能力建设。截止到 2012 年，全国县及县以上医疗机构传染病疫情和突发公共卫生事件的网络直报率达到 98%，乡镇卫生院直报率达 94%。疾病预防控制机构实现 100%的网络直报，极大地提升了突发公共卫生事件的预警能力，为传染病等突发公共卫生事件的早期调查、科学评估和及时应对提供了良好的基础。三是强化卫生应急队伍建设。卫生部先后成立了国家突发事件卫生应急专家咨询委员会和国家突发公共卫生事件应急专家库，充分发挥专家的决策咨询和技术指导作用，组建了紧急医学救援、传染病防控、中毒事件控制、核辐射事件应急医学等 4 类 27 支国家卫生应急队伍，各省、市、县三级卫生部门也分别建立了紧急医学救援、突发公共卫生事件应急处置的卫生应急队伍，开展各种形式的培训与演练，不断提升队伍的实战能力。

（五）依靠科技进步，全面提升监测预警和风险评估等核心能力

卫生应急监测预警以传染病与突发公共卫生事件报告管理信息系统为基础，

以媒体信息监测为补充，切实加强突发公共卫生事件的监测、报告、分析与反馈，为突发公共卫生事件的发现、处置和相关卫生决策提供了重要依据。截至2011年年底，全国已有100%的疾病预防控制机构、98%的县及以上医疗机构和87%的乡镇卫生院实现了传染病疫情和突发公共卫生事件的网络直报。同时，卫生部抓住医改信息化建设的契机，按照总体设计、分步实施的原则，共投入5.2亿元，积极推动国家、省、地市三级突发公共卫生事件应急指挥决策系统建设，进一步提高对卫生应急信息收集、整理和分析的能力，提升卫生应急指挥决策人员的工作效率。推进突发公共卫生事件实验室网络建设，提高快速检测鉴定能力，组织开展卫生应急处置、关键技术和实践应用等研究。

（六）依托优势资源，加强卫生应急专业队伍和卫生应急基础建设

卫生部正逐步构建起以专家咨询为参谋力量，以卫生应急队伍为骨干和突击力量，普通医护防疫人员为基本力量的卫生应急队伍框架体系。一是组建卫生应急专业队伍。按照平急结合原则，依托现有的医疗卫生机构专业人员，投入3亿多元，组建并完善紧急医学救援、突发急性传染病防控等4类29支国家级专业化卫生应急队伍，加强队伍装备、交通、通信保障设备配置。二是组建突发事件卫生应急专家咨询委员会。依靠专家来推动工作，充分利用专家咨询委员会平台，发挥专家学者的参谋助手作用，切实增强卫生应急重大决策的科学性和实效性。三是建立国家突发公共卫生事件应急专家库。国家级库整合了全国医疗卫生机构、科研机构、高等院校以及国家相关部委、军队、武警系统等应急工作领域的专家。专业基本涵盖了处置突发公共卫生事件所需专业，对有效处置各类突发公共卫生事件起到有力的技术支撑作用。四是加强中毒、核辐射医疗救援基地建设和管理，逐步实现规范化运行、科学化考评、网络化管理，切实提升化学中毒事件、核辐射事件的医学救援能力。五是大力开展演练活动。以强化工作能力为目标，在全国卫生系统深入开展以“建设高素质卫生应急队伍，提高整体卫生应急能力”为主要内容的卫生应急大练兵、大比武活动，提升卫生应急队伍整体素质。

第四节　北京市应急体系建设经验与启示

2003年以来，在党中央、国务院的坚强领导下，北京市委、市政府认真总结和汲取抗击非典疫情的经验与教训，以邓小平理论和“三个代表”重要思想为指导，深入贯彻落实科学发展观，深化安全发展的理念，做出了构筑应急体系、强化应急管理的重要战略决策。2005年4月北京市突发事件应急委员会（简称应急委）成立以来，北京市以“一案三制”为核心，以“首都安全”为目标，建立健全应急管理“五大体系”，应急管理逐步进入规范化、法制化、常态化的新阶段。经过几年的不懈努力，北京市已经形成了平常加强值守、有事快速反应、重要时期启动机制、确保首都和谐平安的应急管理工作格局，并经历了2008年北京奥运会、残奥会和2009年中华人民共和国成立60周年庆典等重大活动的检验，为首都经济社会发展营造了良好的氛围。

（一）应急管理体制——党政共管，“3+2+1”的管理模式

北京市以“一案三制”为核心，全面建立“集中领导、统一指挥”的综合应急管理体系，构建了体制健全、责任明确、具有首都特色的“3+2+1”应急管理模式（图2-1）。“3”是指市级应急管理机构、市级专项应急指挥部（市属14个专项应急指挥部）和区县应急管理机构。“2”是指两个中心，包括以110为主的紧急报警服务中心和以市政府便民电话12345为主的非紧急救助服务中心。“1”是指以属地为主，机关、企事业、学校、社区、农村等为基础的基层应急体系。

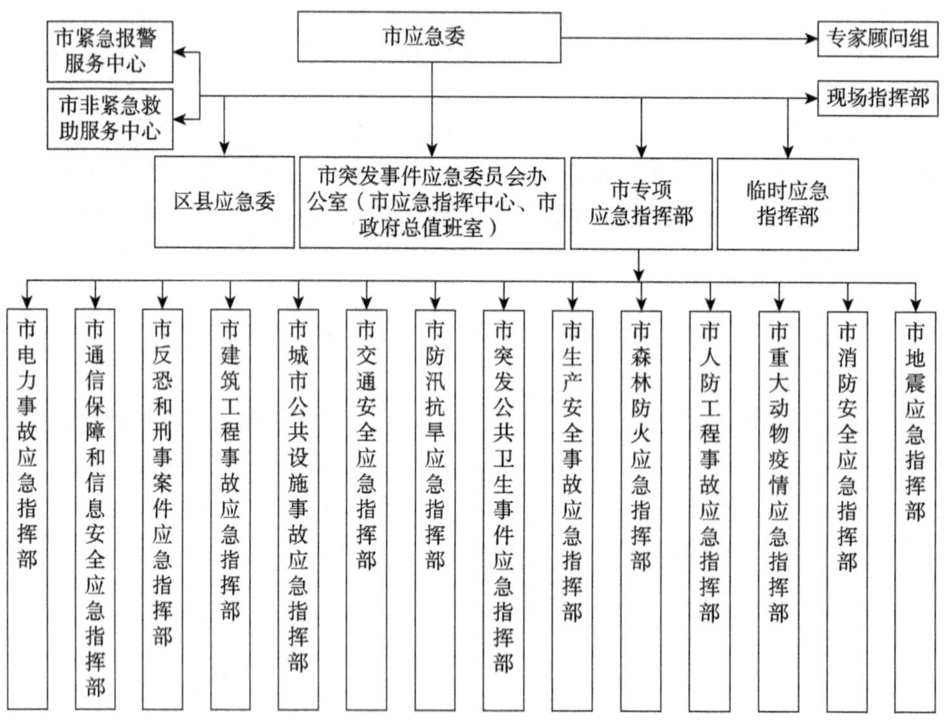

图2-1 北京市应急管理组织体系框架图

1. 北京市应急委及其办事机构

2005年4月25日，北京市在全国率先成立了北京市应急委，统一领导全市突发事件应对工作。市应急委主任由市长担任，副主任由市委副书记和常务副市长担任，领导成员包括有关市委常委、所有副市长和北京卫戍区、武警北京市总队主要负责人以及市政府秘书长。市应急委成立以来，先后4次增加和调整市应急委成员单位，截至2010年年底，市应急委组成单位达到48个，更好地满足了应对突发事件的需要。

市应急委设秘书长、常务副秘书长、副秘书长，负责应对突发事件的统筹协调工作。秘书长由市政府秘书长兼任。常务副秘书长分别由市委和市政府相关副秘书长兼任，副秘书长分别由市委政法委常务副书记、市委宣传部主管副部长和市政府办公厅主管副主任兼任，按照各自工作职责协助秘书长开展工作。

2005年4月，作为市应急委的常设办事机构，北京市突发事件应急委员会办公室（简称应急办）正式成立。市应急办设在市政府办公厅，同时加挂北京市应急指挥中心和市政府总值班室牌子。目前，市应急办内设应急指挥处、预案管理处、综合信息处、技术通信处、宣教动员处5个处，编制45名。

2. 北京市专项应急指挥部

市应急委共设14个专项应急指挥部。为加强市级专项应急指挥部的建设工作，2007年，市应急委下发《关于加强市属专项应急指挥部办公室建设有关工作的通知》（京应急委发〔2007〕11号），要求明确专项应急指挥部办公室机构设置、完善专项应急指挥部及办公室责任体系。2009年4月，以市应急委名义再次下发《关于做好市属专项应急指挥部调整有关工作的通知》（京应急委发〔2009〕8号），要求结合政府机构改革，做好专项应急指挥部职责、机构和人员调整工作，进一步加强专项应急指挥部及办公室组织体系建设。目前，市级14个专项应急指挥部组织体系和责任体系基本健全，指挥部办公室机构设置全部明确。

3. 区县应急管理机构

2005年年底，北京各区县全部成立应急委及办事机构。北京经济技术开发区管理委员会、天安门地区管理委员会、北京西站地区管理委员会等重点地区均确定或成立了应急管理专门机构。参照市级应急管理架构，各区县建立相应的突发事件应对工作体制机制，成立突发事件应急管理领导机构、办事机构和专项指挥机构，区县应急管理办事机构设在区县政府办公室（表2-1）。

表2-1　北京市区县级应急管理体制建设情况（单位：个）

区县	应急委成立时间	专项应急指挥部数量	成员单位/相关单位	乡镇、街道（地区）办事处	社区/村
东城区	2005年6月	14	71	17+5	205
西城区	2005年9月	12	55	15	255
朝阳区	2005年9月	13	52	43	355/154

续表

区县	应急委成立时间	专项应急指挥部数量	成员单位/相关单位	乡镇、街道（地区）办事处	社区/村
海淀区	2005年10月	16	52	29	590/84
丰台区	2005年6月	15	52	21	336
石景山区	2005年9月	14	51	9	139
门头沟区	2005年11月	14	50		99/177
房山区	2005年8月	15	39	25	110/462
通州区	2005年8月	14	45	15	96/483
顺义区	2005年9月	16	83	25	80/426
昌平区	2005年8月	15	47	17	177/303
大兴区	2005年7月	14	35	19	119/527
平谷区	2005年8月	14	33	18	300
怀柔区	2005年7月	14	32	16	316
密云县	2005年10月	13	47	20	334
延庆县	2005年10月	14	67	22	33/376

4. 紧急报警服务中心与非紧急救助服务中心

市紧急报警服务中心和市非紧急救助服务中心是全市应急系统的重要组成部分，是获取应急信息、了解突发情况、掌握社情民意的重要渠道。

以110为主的市紧急报警服务中心，是依托原市公安局办公室指挥中心（即目前的北京市公安局勤务指挥部）而建立的，主要承担警力指挥调度、勤务组织协调、警情监测分析、信息掌握处理、警务技术管理、勤务督导检查和区域警务合作等职能，受理群众的紧急求助，为群众及时排忧解难。

北京市非紧急救助服务中心的前身是北京市政府服务热线12345。2007年，北京市整合现有政府服务热线和公益性服务热线，建立了面向公众的综合信息服务平台——北京市非紧急救助服务中心，中心于2007年5月15日正式开通，热线号码为12345。非紧急救助服务中心受理并协调办理全市除紧急报警服务中心之外向政府提出的各类诉求、救助事项，服务内容涉及公共服务、社会管理、民生问题等方方面面，目前已成为公众咨询、表达诉求的主要渠道。

5. 基层应急管理体系

近几年来，北京市高度重视基层应急管理工作的推进，在基层应急组织机构建设和人员配备、基层应急预案体系建设、基层应急机制建设、基层预测预警体系建设、基层信息报告制度建设、基层应急保障体系建设（含应急物资储备和避难场所建设）、基层应急管理科普宣教工作、社会动员和志愿者队伍建设等方面做了大量细致扎实的工作，逐步夯实全市应急管理工作的基础，并在突发事件处置过程中发挥了重要作用，做到了早发现、早报告、先期处置、辅助救援等应对工作，提升了全市应急管理工作的整体水平。

截至2010年年底，北京各街道、乡、镇已全部建立应急管理责任体系和工作机制，从落实责任主体入手，组建了本辖区应急工作领导小组、委员会或指挥部，明确领导职责、人员组成及责任分工等，并组建了各辖区内的综合救援队伍，在有条件的居委会、社区、村还成立了应急工作组，下设联络协调、信息反馈等小组，初步形成社区应急工作网络。

（二）应急机制、法制、预案、保障体系等领域建设得以发展与创新

1. 机制建设——实行突发事件应对全过程管理

在具体的应急管理工作中，北京市高度重视应急管理机制建设，及时总结突发事件事前、事发、事中和事后的应对全过程中各种系统化、程序化、规范化、科学化和理论化的方法与措施，尤其是在风险管理、监测预警、信息报送、应急决策与处置、应急联动、宣教动员、信息发布、恢复重建、调查评估等领域取得了显著成效（表2-2）。

表2-2　北京市应急管理机制建设情况

机制名称	工作内容	应用实例
风险管理机制	（1）确定风险管理工作的范围与重点 （2）制定北京市风险管理的工作流程 （3）建立北京市风险管理体系	2007～2009年，北京奥运会、残奥会期间城市公共安全风险评估控制工作和中华人民共和国成立60周年庆祝活动风险评估控制工作
监测预警机制	（1）建立专业监测（自然灾害监测、突发公共卫生事件监测、城市运行监测平台、公共安全社会监测网络）和社会监测相结合的突发事件监测体系 （2）规定北京市预警信息发布的基本程序与发布平台	（1）2011年春节期间公安部门的立体监测 （2）2008年北京奥运会期间的社会监测 （3）北京东三环路京广桥塌陷事件中的手机短信预警
信息报送机制	按照逐级负责、分类管理、及时准确与“三敏感”原则相结合的信息报送原则，构建了“市—区县—街乡镇—社区村”四级和基层单位与社会单位应急信息报告网络。应急信息管理工作步入规范化、制度化、常态化的轨道，做到了“每日有快报、每周有部署、每月有通报、每季有分析、每年有评估”，信息报送工作取得了显著成效	2007年北京市地铁10号线苏州街车站塌方事故
应急决策与处置机制	（1）规定应急决策与处置的基本要求 （2）规范应急决策与处置的工作流程 （3）完善现场指挥部的设置与运行	2006年北京市东三环京广桥路面塌陷事故

续表

机制名称	工作内容	应用实例
应急联动机制	（1）与中央各部门、各相关企事业单位及驻京部队等分别建立应急联动机制，强化京津冀、首都圈、华北地区等区域间的沟通与协作 （2）应急联动的“标识”制度（办法）	2011 年成功扑救怀来境内山火事件
宣教动员机制	（1）完善工作体系与流程 （2）开展宣传培训、建立公共安全教育基地 （3）发挥基层社会单位的作用	（1）向全市家庭免费发放了 600 万册《首都市民防灾应急手册》 （2）会同市民防局在北京电视台开办了《平安生活》电视栏目 （3）几年来全市共举办 500 余期应急管理培训班
信息发布机制	完善突发事件信息发布的原则、组织指挥体系、职责体系、信息发布平台、新闻发言人制度	2008 年北京市城区部分加油站集中排队加油
恢复重建机制	（1）建立突发事件损失评估标准体系，规范灾损评估程序、内容和方法 （2）通过制定安置、救助、补偿、抚恤、保险等工作程序，建立政府采购应急相关产品制度 （3）完善公共设施恢复重建机制，重点加强水、电、气、热、交通和通信等生命线工程的快速恢复能力建设	（1）2003 年非典疫情 （2）2004 年 6 月北京大兴区的两次雹灾 （3）2012 年 7 月 21 日北京特大暴雨
调查评估机制	（1）规范突发事件调查评估的组织和工作流程 （2）健全突发事件调查评估指标体系 （3）建立突发事件应对档案管理制度 （4）健全应急管理工作绩效考核的流程和标准 （5）明确责任追究制度 （6）推进专家参与的第三方调查评估机制建设	延庆县将应急管理工作纳入二级班子组织考核体系

2. 法制建设与预案体系——依法规范突发事件应对活动

（1）法制建设。根据 2007 年国家出台的《突发事件应对法》，北京市于 2008 年 7 月 1 日率先在全国实施了第一部应急管理地方性法规——《北京市实施〈中华人民共和国突发事件应对法〉办法》，该办法进一步明确了北京市应对突发事件的各项措施，为依法加强应急管理工作奠定了法律基础，确保了突发事件的应对更加规范化、制度化和法制化。同时，为保障《北京市实施〈中华人民共和国突发事件应对法〉办法》的贯彻落实，北京市还出台了相关配套制度和措施，包括《北京市人民政府关于加强公共安全风险管理工作的意见》《北京市公共安全风险管理实施指南》《北京市城市轨道交通安全运营管理办法》《应急通行机制》《北京市突发事件应急预案管理办法》《北京市突发事件应急演练管理办法》《关于突发事件专项准备资金管理和使用办法》《应急救援队伍建设指导意见》《应急物资储备管理指导意见》《应急避难场所规划、建设、管理和使用指导意见》《信息公开工作方案》《公共安全教育基地规划纲要》《公共安全教育基地管理办法》《首都地区应急联动机制研究报告》《关于落实北京市 2009 年拟办重要实事中建立应急志愿者队伍工作的实施方案》《关于加强公共交通应急管理工作的指导意见》《关于党政领导干部社会治安综合治理工作履职考核评价实施办法》《北京市行政问责暂行办法》《北京市实施〈关于实行党政领导干部问责的暂行规定〉办法》《突发事件应对工作责任追究办法》《北京市 800 兆无线政务网应急通信优先保障措施》，并在全市组织开展了应急法制的宣传、学习、培训和贯彻落实工作。

（2）预案建设。按照《国家突发公共事件总体应急预案》确定的基本原则和要求，建立了以市级总体预案为核心，市级专项预案、市级部门预案为依托，单位应急预案为基础的应急预案体系。北京市应急预案体系分市、区县、街道（乡镇）三级管理，由总体应急预案、专项应急预案、应急保障预案、部门应急预案及单位应急预案、大型群众性活动应急预案等组成（图 2-2）。同时，出台了《北京市突发事件应急预案管理办法》等相关文件，对应急预案体系的管理、预案的编制及演练等方面也做了规定。

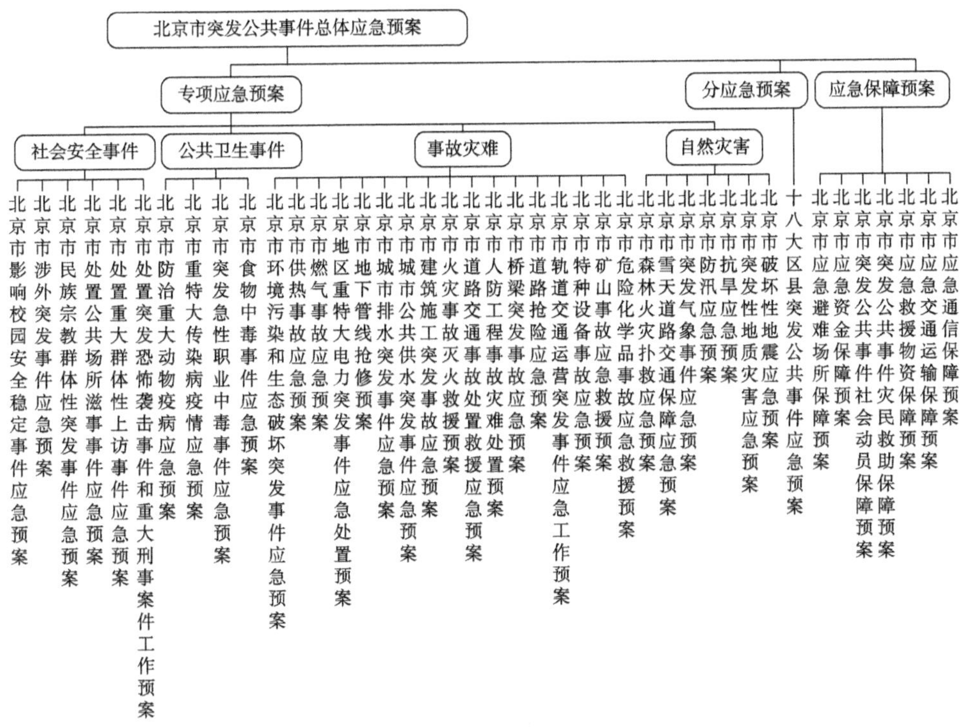

图 2-2　北京市应急预案体系的构成情况

3. 保障体系建设——全面提升应对突发事件的能力

《北京市突发公共事件总体应急预案》将应急保障分为指挥系统技术保障、

应急队伍保障、通信保障、交通运输保障、物资保障、医疗卫生保障、治安保障、人员防护保障、应急避难场所保障、气象服务保障、资金保障、技术开发与储备、法制保障等13个方面的内容。目前，在相关领域的工作也分别取得了显著突破，见表2-3。

表2-3 北京市应急管理保障体系建设情况

保障内容	建设的进展情况
应急队伍保障	(1) 专业应急救援队伍建设：专业应急队伍体系已初步建成，覆盖了防汛抗旱、气象灾害、地质灾害等20个重点领域 (2) 综合应急救援队伍建设：2010年9月正式成立，在做好消防工作的基础上，承担综合性应急救援任务 (3) 应急志愿者队伍建设：目前，共有20支应急志愿者队伍，规模达18万人左右，均为兼职人员，主要职责是开展科普宣教和辅助救援 (4) 基层应急队伍建设：各区县及重点地区管理委员会共有应急队伍241支，27 645人
应急资金保障	2010年6月，北京市应急办会同市财政局共同印发了《北京市应对突发事件专项准备资金管理暂行办法》，为全市应对突发事件提供了重要保障
应急物资保障	(1) 建立应急物资管理组织体系 (2) 建设应急物资储备，包括应急处置装备储备、能源物资储备、救灾物资储备、生活必需品储备、医药物资储备、社会储备、家庭储备 (3) 制定应急物资管理机制，并提供应急物资管理保障，包括经费保障、技术保障、交通运输保障
应急指挥技术支撑保障	北京市应急指挥技术系统从2004年开始建设，经过几年的不懈努力，逐渐搭建起以市应急指挥平台为龙头，16个区县、14个专项应急指挥部为支撑，移动应急指挥平台为辅助的应急指挥技术支撑体系，具备了有线通信指挥、无线指挥调度、社会面图像监控、移动应急指挥、应急信息辅助决策支持和IP视频异地会商“六大功能”
其他保障工作	(1) 应急避难场所 (2) 应急通行保障 (3) 医疗卫生保障 (4) 应急通信保障

（三）应急管理成效——应对突发事件的能力和应急服务保障水平持续提升

北京市应急系统不断强化应急管理体制机制建设，妥善处置各类突发事件，全市安全形势总体平稳，各级各类突发事件数量和损失呈明显下降趋势，有力保障了2008年北京奥运会、中华人民共和国成立60周年庆典等重大活动的顺利举办和城市的安全运行，确保了首都安全稳定。

1. 应急管理意识明显增强

(1) 各级党委和政府对应急管理工作的重视程度明显增强。各级领导都实现了亲自管、亲自抓安全工作，始终坚持不可一日无责任人、不可一事无责任人的原则，并坚持在第一时间赶赴现场进行处置。在各项安全管理中，坚持开展风险评估工作，推崇“无急可应是最高境界”的理念，在全市城市运行和应急管理系统中“下好先手棋，打好主动仗”，把预防与应急准备工作做在前面，做到不厌其烦、不厌其细，确保万无一失。

（2）应急管理系统的风险防范和应急准备意识明显增强。应急管理系统举一反三、反思借鉴、未雨绸缪的意识与能力得到显著提升，主要表现在：第一，针对国内外发生的重特大突发事件，加强相关预防工作。第二，在应急处置中敢于果断决策，防止次生、衍生灾害的发生与扩大。第三，做好应急救援队伍、物资、资金、应急避难场所等各项应急准备工作。第四，在新闻宣传和把握舆论导向方面的能力得到提升。

（3）社会公众的避灾救灾和自救互救意识与能力明显增强。几年来，全市应急系统通过运用政治优势、组织优势，调动市民参与应急管理的主动性、积极性，充分发挥广大志愿者、“红袖标”的重要作用。

2. 预防与应急准备能力明显增强

（1）“关口前移”，全方位备战台风“麦莎”。2005年，第九号台风“麦莎”于8月9日凌晨抵达渤海，演变成热带低气压，开始影响北京。在“麦莎”登陆前夕，温家宝总理8月5日在《重大气象信息专报》上做了重要批示，回良玉副总理在8月4日也做了关于做好防御第9号台风工作的重要指示。北京市委、市政府高度重视，立即组织传达落实，市委、市政府主要领导结合北京情况对全市应对工作提出了要求。市应急管理体系全面启动，充分做好了应对台风的准备工作。从8日夜间到10日清晨，北京市出现中雨天气过程，局部地区出现大到暴雨。全市平均累计降水量23毫米，最大降水点在顺义区苏庄，为101毫米。城区平均降水量12毫米，密云水库流域平均降水量21毫米，官厅水库流域平均降水量5毫米。由于降水较为平稳，北京市各主要河道没有明显产流。虽然“麦莎”没能如期而至，所做的一切准备工作没有真正经历特大暴雨的考验，但这是北京市应急体系建立后第一次全方位应对突发事件，也是贯彻应急管理“关口前移”方针的一次成功尝试。

（2）加强监管，确保烟花爆竹“禁”改“限”的平稳过渡。2005年9月9日，在充分听证的基础上，北京市第十二届人民代表大会常务委员会第二十二次会议通过了《北京市烟花爆竹安全管理规定》，宣布废除1993年起施行的“禁放”条例（《北京市关于禁止燃放烟花爆竹的规定》），自2005年12月1日起施行烟花爆竹“限放”。同时，北京市对燃放烟花鞭炮的行为由“禁”改“限”出台了新的限放方案。几年来的实践证明，新的限放政策既满足了市民燃放烟花爆竹的愿望，体现了以人为本的理念；又强化了安全管理，取得了实效，达到了预期目的。

3. 应急处置与救援能力增强

（1）综合协调，成功处置京广桥路面塌陷事件。2006年1月3日凌晨，北京市东三环路京广桥东南角辅路发生塌陷和地下污水管线断裂漏水事故，形成长18米、宽14米、深12米的塌坑。造成交通日均流量12万辆的东三环路京广桥双向交通中断，32条公交线路绕行，污水灌入地铁施工隧道，正在施工的地铁十号线呼家楼站至光华路站区间段施工全面停止。该地段地下管网复杂，涉及热力、燃气、自来水、污水、电力、通信等8种类型的城市生命管线，地面塌陷致使污水管线和9条主干通信光缆受损，影响50多个大客户、12个小区近万余户电话和宽带用户，周边205户居民供暖也受到影响。险情发生后，市政府立即启动突发事件应急预案，统一指挥，全力协调组织抢险工作。经过10多天的连续奋战，至1月16日凌晨5时，抢险工作告一段落，转入地铁隧道恢复施工阶段，中断的交通及通信、热力、供水、污水等管线全部恢复。

（2）联防联控，科学有序减缓甲型H1N1流感的社会影响。2009年4月，一场袭击全球的甲型H1N1流感疫情蔓延到了北京。为了保障首都人民的身体健康和生命安全，保证国庆60周年庆典的顺利进行，北京市突发公共卫生事件应急指挥部高度重视，迅速反应，启动了突发公共卫生事件应急机制，按照党中央国务院的统一部署，在市委、市政府、市应急委的坚强领导下，动员各级政府、各有关部门及社会各界力量，遵循“全面预防，有效控制”的原则，按照“思想到位、组织到位、措施到位、检查到位”的总体要求和“把紧一个关口、强化三个重点、落实四方责任、确保五个到位”的防控工作要求，沉着应对，迅速建立联防联控机制。根据疫情的不同发展阶段，科学有序地制定并落实各项防控措施，最大限度地减缓疫情扩散和对社会经济及正常生产、生活秩序的影响，最大限度地减少重症和死亡病例的发生，最终取得了阶段性的胜利。

（3）多措并举，及时平息食盐抢购风波。2011年3月11日，日本发生9.0级地震并引发海啸，日本福岛第一核电站出现核泄漏事故。受社会传言和谣言影响，我国部分省市和北京部分地区出现抢购食盐与食品的现象。从3月16日晚开始，北京市大部分区县发生食盐供应波动、市民集中大量购买食盐等情况，部分超市、零售门店食盐断货，供应紧张。食盐抢购事件发生后，市委、市政府高度重视，迅速采取措施调集储备，保障市场供应，同时，市相关部门和各区县政府密切配合，迅速启动生活必需品应急供应保障机制。3月17日～22日，通过统一调配，市商务委员会组织市盐业公司和42家连锁超市以及10个远郊区县商务部门进行食盐集中配送，6天时间累计向市场投放食盐6298吨，相当于全市39天的正常销售量。食盐日配送量从17日2980吨，18日1713吨，19日661吨，20日440吨的配送高峰，快速回落至21日264吨，22日240吨，接近正常水平。经过区县商务部门、市盐业公司和全市主要连锁超市的共同努力，全市食盐市场供应、销售于3月21日基本恢复正常。针对此次事件，各级政府和全市应急系统及有关部门响应迅速、处置及时，使得食盐“抢购风”回落迅速，是一次成功的全市应急处置工作实战。

4. 城市运行和大型活动保障能力显著增强

（1）2008年北京奥运会应急服务保障。从奥运会的申办、筹办到举办，北京市经过7年的不懈努力，为成功举办一届“有特色、高水平”奥运会、残奥会奠定了坚实的基础。为了实践“绿色奥运、科技奥运、人文奥运”三大理念，实现“平安奥运”的目标，加强对奥运期间城市运行和应急管理工作的统筹，北京市政府和市应急委制定了奥运会、残奥会期间城市运行总体方案、风险控制与应急准备方案、突发事件处置方案，组建了城市运行联合值班室（“三案一室”）；依托现行政府管理体制，强调各级政府分级负责、主管领导各负其责、政府部门依法履责，依托现行应急管理体系，坚持常态管理与非常态管理相结合，强化属地政府首控、专业部门处置和市应急委综合调度的职能作用；充分发挥城市运行调度平台和应急指挥枢纽作用，全面强化指挥、协调、调度和监测职能，创造性地圆满完成奥运应急服务保障工作。市应急办（城市运行联合值班室）获得了党中央、国务院授予的“北京奥运会残奥会先进集体”称号。

（2）中华人民共和国成立60周年庆祝活动应急服务保障。为做好中华人民共和国成立60周年庆祝活动及国庆期间各项工作，按照市应急委的统筹部署，全市应急体系充分利用现行管理体制、市级应急指挥平台和现有社会动员机制，依托现有体制优势，适时启动了全市应急机制和“战时”机制，组织参与了平台搭建、技术保障、流程制定、方案起草、值守应急等核心工作。充分发挥有线、无线、IP视频会议、图像监控、移动指挥通信等既有市应急指挥技术系统作用，为国庆指挥调度运行平台统筹指挥提供技术保障。通过全市应急系统的协同努力，国庆期间，城市公共安全各类风险有效降低，全市城市运行平稳有序，节日气氛欢乐喜庆，未发生较大以上自然灾害、事故灾难、公共卫生和社会安全事件，实现了城市运行高效、有序，国庆活动圆满、安全。

第五节 上海市应急体系建设经验与启示

2001年起，上海市开始实践从城市减灾的单灾种管理向综合减灾管理转变。2002年4月，试行了《上海市灾害事故紧急处置总体预案》，成立市减灾领导小组及其办公室，确立了综合减灾和紧急处置体系框架。2004年9月，启动了市应急联动中心，进一步提升突发事件应急响应能力。2005年按照党中央、国务院的统一部署，围绕“确保城市安全运行”主线，以“一案三制”建设为主要内容，按照“测、报、防、抗、救、援”六环节全过程管理的要求，全面加强应急管理工作。2005年8月，市委、市政府决定成立市突发公共事件应急管理委员会。经过几年努力，应急管理体制机制已基本确立。

（一）应急管理体制——党政共管，强化联动，落实基层

1. “党政共管”的应急管理体系

上海市结合城市突发事件防范与处置工作实际，借鉴国内外应急管理经验，建立了与国家体系对应，符合特大型城市特点的应急管理体制（图 2-3）。

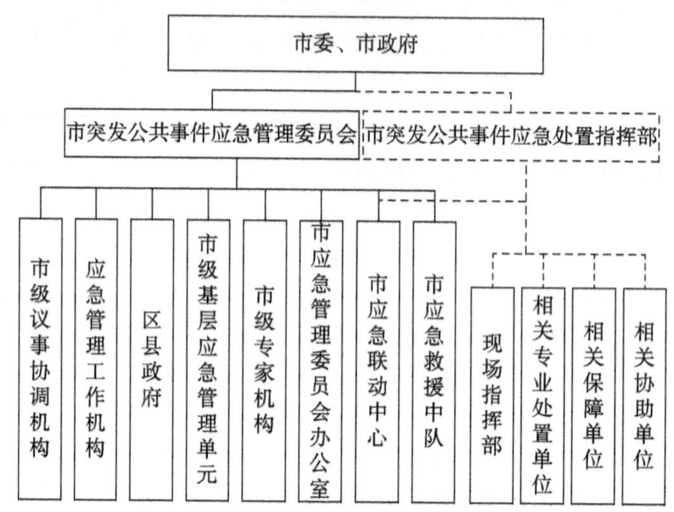

图 2-3　上海市应急管理体制框图

（1）上海市应急管理工作由市委、市政府统一领导。市政府是全市突发事件应急管理的行政领导机构。市突发公共事件应急管理委员会具体决定和部署全市的应急管理工作，市突发公共事件应急管理委员会主任由市长担任。

（2）市突发公共事件应急管理委员会下设办公室，设在市政府办公厅，市应急管理委员会办公室主任由市政府办公厅副主任兼任。

（3）根据《上海市突发公共事件总体应急预案》，建立与突发事件应急管理密切相关的包括市级议事协调机构共 11 个，其中：自然灾害类市防汛指挥部、市防震减灾联席会议 2 个；事故灾难类市安全生产委员会、上海海上搜救中心、市网络与信息安全协调小组 3 个；公共卫生事件类市防治非典型性肺炎指挥部、市重大动物疫情防治指挥部 2 个；社会安全类市处置劫机事件领导小组、市反恐怖工作协调小组、市维护社会稳定工作领导小组、市互联网舆论宣传领导小组 4 个。

（4）全市 18 个区县分别建立了应急管理的领导机构和办事机构，明确了行政领导负责制。

（5）按照“分级负责、分类管理、建管结合”的原则，对各专业领域专家队伍的组建、聘任、管理、备案等做出规范。

（6）依托公安消防部队，成立市应急救援总队；发挥基层专兼职队伍和志愿

者队伍的应急救援辅助作用；加强了防汛防台、医疗救治、城市生命线抢修、危化品处置等专业队伍建设。

2. 强调联动，实现突发事件处置的互联互通

上海市整合公安、消防等资源，依托市公安局指挥中心，成立了市应急联动中心，搭建统一的110接警平台，作为全市突发事件应急联动处置的职能机构和指挥平台，履行应急联动处置一般和较大突发事件、对重大和特别重大突发事件进行先期处置等职能。目前，安监、卫生、环保等23个部门实现应急联动，并与各区县公安指挥中心互联互通。

3. 落实基层，强化应急管理单元能力建设

为建立扁平化、全覆盖的应急管理体制，针对全市应急管理的重点区域和高危行业重点单位，遴选出9个市级应急管理单元，分别落实组织体系、应急预案、保障体系、工作机制和指挥平台五个要素，提高常态下的防范以及非常态下的应急处置效能。市级基层应急单元的设置，根据全市应急管理需要适时进行评估后补充调整。

（二）应急机制、预案等领域建设得以发展与创新

1. 机制建设

（1）监测预警机制。气象、防汛、地震海洋灾害、传染病、消防、旅游安全等监测预警预报体系已粗具规模。此外，与中国气象局加强合作，以气象及相关灾害为切入点，着力推进多灾种早期预警系统建设，探索不同灾种管理部门之间联合预警、集中发布的工作模式，进一步提高预警效能。

（2）应急处置机制。应急处置机制主要包括信息报告和通报、先期处置、应急响应、指挥协调等机制。

（3）分工协作机制。“条、块、点”相结合的工作网络基本形成。“条”上，对应国家层面分工，明确由市民政局、市安全生产监督管理局、市卫生局、市公安局分别牵头推进四大类突发事件应急管理工作；同时负责相应的应急管理基层工作。“块”上，按照属地管理原则，区县着重落实风险隐患排查、治理、科普宣教等防范工作，做好应急处置中的人员疏散安置、后勤保障、善后处置、社会动员等工作。“点”上，依托市级基层应急管理单元，明确管理主体、落实管理职责、建立管理机制，形成工作合力。

（4）应急保障机制。应急保障机制包括信息保障、物资保障、经费保障等内容。

（5）科普宣教机制。建立分级分类的应急管理科普宣教机制。

（6）军地协同和区域协作机制。探索建立军地协同机制，按照南京军区国防动员委员会和市突发公共事件应急管理委员会的要求，在闵行区开展国防动员和军队指挥体制与政府应急管理体系相衔接的试点工作。探索建立区域应急管理合

作机制，2010 年 12 月，沪、苏、浙三地签订了应急管理区域合作协议，围绕应急信息沟通、应急处置协同、救援资源共享等机制建设，共同推动应对突发事件能力和水平的提升。

2. 预案建设

全市形成了以市级总体预案为龙头，51 个专项和部门预案为主体，各区县、单元、重大活动和基层应急预案为支撑的应急预案体系。其中市总体应急预案主要明确突发事件应对的工作原则、组织体系、响应机制和保障要求，体现指导性和规范性；各区县应急预案、专项与部门应急预案、基层单元应急预案主要针对具体区域和突发事件，着重界定突发事件应对的工作任务、职责分工和处置程序，突出适用性和衔接性；重大活动应急预案、工作预案、处置规程以及社区（乡村）、企业、学校等基层单位应急预案，侧重确定应急处置行动的具体程序等，强调操作性和实用性。

第六节　广东省应急管理体系建设实践与探索

广东省政府应急管理办公室（简称应急办）成立以来，在其省委、省政府以及省应急委的坚强领导下，高标准推动应急管理体系建设，不断积累应急管理“广东经验”，认真打造应急管理“广东模式”，应急管理工作基本实现常态化、基层化、社会化、科学化、有序化和法制化，科学预防和有效应对突发事件反应更加迅速，决策更加科学，处置更加高效，保障更加有力，重建更加有序。

（一）强化应急预案管理

广东省按照“横向到边、纵向到底”的要求，有序、有效推进全省应急预案体系建设。

一是加强应急预案体系的规范化建设。在全国率先出台《广东省突发事件应急预案管理办法》（粤府办〔2008〕36 号），规范应急预案编制、审批、发布、备案、修订、宣教培训和演练等各个环节，确保了各地、各有关单位相关应急预案的衔接。

二是加强应急预案体系的科学化建设。充分发挥各级应急管理专家组的专业咨询作用，总体预案、专项预案等应急预案编制过程中，广泛征求应急管理专家和现场指挥官意见。与此同时，及时修订各类应急预案，不断提升应急预案的科学化水平。依托广东省应急平台，大力推进应急预案库建设，提高应急预案信息化管理水平。

三是加强应急预案体系的社会化建设。组织编制广东省总体应急预案、专项应急预案操作手册，建立操作手册资料每月定期更新制度，以最简便的方式，有效解决突发事件发生后，应该“做什么”“谁来做”“怎么做”的问题。全省各地、各有关单位通过编写预案明白卡、印制预案挂图等，以通俗易懂的方式，引导公众自救互救，正确参与应急救援。与此同时，从 2010 年开始，每年组织暨南大学、华南农业大学和广东工业大学 100 名大学生及红十字会和应急志愿者等组成广东省应急知识宣讲团、文艺团，深入全省 121 个县（市、区）的机关、社区、农村、学校、企业、家庭开展广东省“百人百场”应急知识宣讲活动，重点介绍应急预案中有关措施和规定，直接受众累计超过 600 多万人。

四是加强应急预案体系的实操化建设。广东省各级、各有关单位每年定期组织开展大型实战模拟演练，特别是探索性举行“双盲”演练和依托应急平台体系进行桌面演练，实现了成本使用最小化、资源利用最优化、演练成效最大化。通过应急演练，不断完善相关应急预案，提高应急预案的实操性，如广州市萝岗区开展群体性事件“双盲”演练有关经验在全省广泛推广。深圳大运会前夕，依托省应急平台体系，成功举行南方区域 2011 年深圳大运会保供电应急联合演练，有效检验了大面积停电应急预案的可行性，国家电力监管委员会对此给予高度评价。截至 2011 年年底，全省共组织各级、各类应急演练 6.9 万次，专项预案演练率超过 60%，其他预案演练率达 40%。

五是加强应急预案体系的区域化建设。积极推动粤港、粤澳跨区域应急预案体系建设。联合制定了《粤港海上搜救合作应急预案》《粤港核应急预案》《粤澳海上搜救合作应急预案》《粤澳核应急预案》等一系列应急管理跨区域应急预案。与此同时，每年至少举行一次应急预案联合演练。积极推动泛珠三角区域内地 9 省（区）跨区域应急预案体系建设。江西、湖南、广东、广西、贵州 5 省（区）政府应急办牵头制定了《泛珠三角区域内地跨省（区）特别重大、重大矿山事故救援应急预案》《泛珠三角区域内地跨省（区）特别重大、重大道路交通突发事件应急预案》《泛珠三角区域内地跨省（区）特别重大、重大突发环境事件应急预案》《泛珠三角区域内地跨省（区）特别重大、重大突发森林火灾应急预案》《泛珠三角区域内地跨省（区）特别重大、重大食品安全事故应急预案》5 个应急预案，并注重组织跨区域桌面演练。

（二）健全应急联动机制

建立健全协调有序的应急联动机制。广东省积极推进建立“统一指挥、反应灵敏、功能齐全、协调有序、运转高效”的应急联动机制，注重提升条条之间、块块之间、条块之间、军地之间应急联动能力。注重外合内联，从省内、省际、港澳台等层面着手，全方位加强应急管理区域合作，指导珠江三角洲地区 9 市、粤东 6 市、粤西 3 市、粤北 3 市分区域建立应急管理合作联动机制，牵头成立泛珠三角区域内地 9 省（区）应急管理联动机制，积极搭建粤港、粤澳、粤台应急管理交流合作平台，切实提升跨区域协同应对处置突发事件水平，特别是 2012

年5月专门出台了《泛珠三角区域内地9省（区）突发事件应急联动机制管理办法》。以推行现场指挥官为突破口创新应急管理现场处置机制。2010年广州亚运会开幕前夕，广东省成功处置广州市主要水源地北江部分河段出现铊超标事件。在事件处置过程中，根据《广东省突发事件应对条例》有关规定，首次成功实行现场指挥官制度。省政府在成立处置领导小组的同时，在清远市成立前方指挥部，由时任副省长林木声担任总指挥，省政府副秘书长、省环境保护厅厅长、省政府应急办主任担任副总指挥，按照现场指挥官职责要求，总指挥（副总指挥）全权负责现场处置工作。现场指挥官协调不了的问题、调动不了的资源、解决不了的困难，及时请示汪洋书记（时任省长黄华华出访）。例如，在处置过程中，涉及从广西调水稀释问题，现场总指挥解决不了，林木声同志带队向汪洋书记汇报，请示汪洋书记协调解决。在汪洋书记的协调下，调水问题得到及时解决。整个处置过程，省委、省政府其他领导都坚持在原岗位。

（三）完善应急法制建设

2010年6月2日，由省政府应急办起草的《广东省突发事件应对条例》经省人大常委会审议通过，7月1日正式颁布实施，标志着广东省应急管理法制工作上新水平。该条例充分借鉴国内外先进做法，创造性规定了建立安全管理制度、行政决策及应急管理工作决策的风险分析制度、公共安全形势分析会议制度、现场指挥官制度、突发事件信息公开和新闻发言人制度、评估与考核制度等一系列制度，是广东省应急管理工作实践的总结和升华，是深化应急管理工作的“护身符”、深化应急管理法制建设的“助推器”和当好全国应急管理工作排头兵的“撒手锏”。全国人大常委会副委员长华建敏对《广东省突发事件应对条例》出台实施特别是其中的一系列创新性制度设计给予充分肯定，并强调指出，《广东省突发事件应对条例》的出台，对全国其他省（自治区、直辖市）有示范、借鉴作用。2009年12月20日～22日，国务院应急管理办公室领导带领国务院贯彻实施突发事件应对法检查组，到广东省检查《突发事件应对法》实施情况，充分肯定广东省应急管理法制建设所取得的成绩。广东省先后开展“贯彻实施条例大家谈”、贯彻实施条例知识竞赛、“应急管理法制建设”专题研讨会、全省应急管理法制建设研讨班等十大工程，营造了依法应急的良好氛围。与此同时，省政府应急办会同有关单位牵头制定出台《广东省应急志愿者管理办法（试行）》《广东省应急平台体系数据库建设方案》《广东省应急管理工作考核办法（试行）》《广东省安全生产检查、督查工作规范》等一系列相关配套制度和措施等，确保《广东省突发事件应对条例》贯彻落实到位、成效到位。《广东省突发事件应对条例》实施1周年，省人大常委会办公厅会同省政府办公厅等有关单位组成联合督查组分片区对21个地级以上市贯彻实施情况进行全面督查，及时解决该条例贯彻实施过程中遇到的问题。

应急管理体系建设是应急管理工作的核心和“灵魂”，其中至关重要的是应急管理体制。广东省将借助国家应急管理体系有关顶层设计的力量，在应急管理体系建设上继续大胆创新，不懈努力，不断充实应急管理“广东经验”，不断完善应急管理“广东模式”，全面提升应急管理综合水平，尽力打造应急管理“广东特区”。

第七节　陕西省应急体系建设经验与启示

“十一五”以来，陕西省高度重视应急管理体系建设，按照“规划引领、项目带动、以点带面、整体推进”的工作思路，在摸索中前进，在实践中创新，“一案三制”不断完善，应急规划全面实施，应急保障不断加强，基层建设扎实推进，应急文化逐渐形成。

（一）高规格的应急管理机构

2005 年 10 月，陕西省委、省政府成立省应急委员会（简称应急委），主任由省长担任，副主任由省委副书记和常务副省长担任，相关省委常委、所有副省长和省军区、武警陕西总队领导以及省级相关部门的主要负责同志为委员。2006 年 5 月，成立省应急管理办公室（简称应急办），作为省应急委的常设办事机构。几年来，省委、省政府和省机构编制委员会不断加强省应急办的机构建设。省应急办为省政府办公厅内设的副厅级机构，下设值守处、指导处和处置处，共有 25 名工作人员。主要职责包括承担省政府应急管理的日常工作，履行值守应急、信息汇总和综合协调职责；指导全省政府系统政务值班、全省应急预案体系建设、全省突发事件应急体系和应急平台建设；负责督促检查各设区市人民政府和省级各部门应急管理工作；负责向国务院应急管理办公室报送信息及联络工作。省、市机构编制委员会办公室对全省、市、县应急办的机构设置也都发文做了明确规定。目前，全省 10 个设区市、杨凌示范区都成立了应急管理领导和专职办事机构，107 个县（区、市）全部成立了应急管理领导机构和办事机构。2012 年 5 月 31 日，经省第十一届人民代表大会常务委员会第二十九次会议审议通过的《陕西省实施〈中华人民共和国突发事件应对法〉办法》（简称《实施办法》），进一步明确了县级以上应急管理办公室的法律地位和权责。

高规格的应急管理机构建设有效地保障了应急管理工作的开展，2005～2011 年，陕西省连续 7 年召开全省应急管理工作会议，每次会议省政府主要领导和分管领导都到会讲话。赵正永省长多次亲临省政府应急指挥中心检查指导工作。娄勤俭常务副省长主持召开专题会议，研究推进全省应急平台建设工作。全省各级应急管理机构不断加强，应急管理队伍不断壮大。

(二) 应急机制、预案、保障体系、文化等方面的建设得以发展与创新

1. 机制建设

(1) 联动机制。一是军地联动。省政府、省军区联合印发了《关于进一步加强民兵预备役部队应急救援力量建设的意见》，依托预备役部队组建了50个突击救援分队，强化了军地应急联动机制。二是区域联动。2011年9月，在国务院应急管理办公室的指导下，由陕西和山西、内蒙古、河南在西安共同发起，建立了黄河中游4省（区）应急联动工作机制，签订了《黄河中游4省（区）应急管理合作协议》，建立了应急联动工作会议制度、重大突发事件信息快速通报机制、应急联动响应机制，加强平台建设协作机制以及基层应急管理合作机制。与此同时，指导陕西省渭南市与山西省运城市和临汾市、河南省三门峡市，陕西省榆林市与山西省晋中市和忻州市、内蒙古鄂尔多斯市，陕西省宝鸡市与甘肃省天水市、平凉市，陕西省商洛市与湖北十堰市先后建立了毗邻区域应急联动机制。三是部门联动。2008年以来，按照“信息共享、应急联动、保障畅通”的要求，建立并完善了由省应急办牵头，省公安厅、省交通厅、省气象局、西安铁路局、民航西北管理局、西部机场集团、各航空公司驻陕机构和西安市、咸阳市应急办等多部门参加的陕西省应急交通保障联动机制。同年，建立了省应急办、省公安厅、省安全厅、省信访局等省级机关和有关地市参加的处置群体性事件长效机制，制定了《处置省政府机关门前非正常上访工作实施方案》和《处置省政府机关门前非正常上访的实施细则》。四是条块联动。在国务院应急管理办公室和中国地震局的指导下，陕西与甘肃、青海、宁夏、新疆五省（区）应急办及地震局，建立了西北五省（区）地震应急救援区域协作联动机制，签订了《西北五省（区）地震应急联动协议》，建立了西北五省（区）地震应急救援管理工作联席会议制度、地震应急救援管理工作交流通报制度和地震应急救援联动机制。五是媒体联络。制定了《陕西省处置突发事件媒体联络机制》。明确了信息报告、信息共享、信息发布和舆论引导工作机制。要求在突发事件处置过程中，充分尊重公众的知情权，及时向公众最大限度地提供各类真实可靠的信息，特别是那些涉及重大公众利益的灾难性信息。

(2) 评估机制。一是建立突发事件发生发展趋势评估研判制度。从2007年开始，陕西省建立了重大突发事件发生发展趋势评估研判会议制度，每年两次。组织安监、民政、卫生、公安等30多个省级部门认真开展风险隐患排查，对突发事件发生发展趋势进行预测预警和评估研判，形成评估报告，送省委、省政府领导和各设区市、省级相关部门。同时，加强对新情况、新问题的评估研判。例如，2010年5月，应急管理部门会同省维稳、公安、安全、通信部门，学习借鉴法国成功化解通过网络发起大规模集会的经验，专题研究制定了陕西省应对网

络群体性事件的预防措施。目前，陕西已有6个省级部门和4个设区市，建立了季度突发事件发生发展趋势评估研判会议制度。二是建立应急处置绩效评估制度。2006年，省政府下发《关于全面加强应急管理工作的意见》，明确要求各级政府建立和完善突发公共事件应急处置工作责任制度和应急管理绩效评估制度，把突发事件处置绩效纳入干部政绩考核内容和政府工作目标管理考核内容。自2006年起，陕西省每年全面评估年度应急管理工作和重特大突发事件处置工作绩效，编制年度《突发事件应对工作评估报告》。三是建立重特大突发事件专项评估制度。从2009年起，陕西省坚持对每起重特大突发事件的处置工作进行专项评估，编制评估报告。

2. 预案演练

2005～2011年，陕西省组织对28个省级专项应急预案进行了两轮的演练。省政府办公厅为此专门下发通知，对全省的演练工作进行安排部署。“十一五”以来，全省各级、各部门、各单位采取综合演练、桌面推演、实战演练、队伍拉动等多种形式，共组织各级各类应急演练2万多次，其中较大规模演练300多次。每次演练之后都要求进行总结评估，对现行预案进行修订，对存在问题进行整改。2008年11月，中共中央组织部、国务院办公厅和国家行政学院举办了我国首期省部级应急管理研讨班，陕西省应急办承担了“地震应急桌面推演”任务，收效很好，得到了国务院应急管理办公室、中国地震局和研讨班领导的高度评价。

3. 保障体系建设

（1）应急平台。“十一五”以来，陕西省以高效应对突发事件为目标，按照“需求引导、统筹规划、整合资源、突出重点、分步实施”的原则，稳步推进全省应急平台体系建设工作。一是实现了突发事件现场与省、市政府应急指挥中心“全天候”语音、图像、数据的实时传输。二是陕西省手机信息平台，领导可随时随地掌握实时重要信息，指导突发事件处置工作。三是陕西省移动应急平台，有1座省级卫星中心基站、1个网管系统、3辆省级移动应急指挥车和10辆各设区市级移动应急指挥车。四是陕西省应急地理信息系统（geographic information system，GIS）平台，有6个子系统，目前已采集并入库标注了应急专题数据52万条，建立了60多个图层。

（2）应急队伍。2010年9月，陕西省以公安消防部队为依托组建陕西省应急救援总队，之后，全省11个市（区）统一组建了应急救援支队并一次性挂牌。全省已有81个县依托消防部队组建县级应急救援大队，覆盖了卫生、矿山、森林等部门和重点领域，实现了应急救援力量“横向到边、纵向到底、专勤相辅、区域联合”的网络覆盖。目前，已建成省级专业应急救援队17支，具有一定规模的矿山抢险救援队 12 支，还有门类齐全的专家队伍，其中省级专家队伍有 6 类 71 名专家。

4. 应急文化建设

应急管理要形成全社会的共识和自觉，最终还要有先进的应急文化。陕西省通过多年的实践和探索，逐渐建设形成了“以人为本，预防为先，基层动员，研究创新”的应急文化。

陕西省在近年来通过实施“1112 工程”，即一本书、一个网站、一部专题片、两个层面的培训，有效提高广大干部、社会公众的危机意识和防灾避险、自救互救以及应对各类突发事件的能力。一是组织编撰发行《陕西省公众应急指南》，力争在 5 年内实现时任省长赵正永提出的“每个家庭要有一本”的目标，把防灾避险和应急救援知识普及到家庭，提高自救互救能力，最大限度地预防和减少突发事件造成的伤害和损失。二是于 2010 年 5 月 12 日“全国防灾减灾日”建成并开通了综合性应急管理网站——陕西省应急管理网站，发挥了“搭建平台、交流工作、传递信息、服务公众”的作用。三是按照胡锦涛“要大力增强应对风险和突发事件的能力，经常性地做好应对风险和突发事件的思想准备、预案准备、机制准备和工作准备，坚持防患于未然”的要求，聘请中央电视台编导，与西部电影集团合作，拍摄应急管理专题片《有所准备》，用以指导基层应急管理工作、开展宣传培训和工作交流。四是组织领导干部和应急管理工作实务两个层面的培训，与西安交通大学、西北大学、省委党校、省行政学院以及台湾大学、成功大学等共同开展应急培训工作。此外，还通过面向全国征集、专家评审、应急委审定，发布了“陕西应急”标识，宣传以人为本、应急准备、快速反应、保护救助，确保公众生活安定、安心、安全的应急文化。

“基础不牢，地动山摇”“基层扎实，坚如磐石”。应急管理的基础在基层，重点和难点也在基层。为此，陕西省应急委一直把基层动员作为重中之重。一是召开全省基层应急管理工作会议，传达贯彻全国基层应急管理座谈会精神，全面部署基层应急管理工作。二是开展基层应急管理示范点建设活动。从 2007 年开始，陕西省率先在全国开展了以“四进五有”，即应急管理进社区、进乡村、进学校、进企业，有组织机构、有应急预案、有应急队伍、有应急保障、有科普宣教为主要内容的省级基层应急管理示范点建设活动。三是针对社区、农村、企业、学校的不同特点，形成社区的“讲座式”宣教、“群团式”宣教、“小分队式”宣教、“公众活动式”宣教；农村的“画册式”宣教、“捆绑式”宣教、“协会群团式”宣教、“集市平台式”宣教；企业的“平台式”宣教、“演练式”宣教、“主题式”宣教；学校的“课堂式”宣教、“校园文化式”宣教、“应急知识技能竞赛式”宣教。

第二章

中国应急体系建设面临的挑战

当前社会，影响科学发展、安全发展、和谐发展的因素大量存在；我们面临的发展机遇前所未有，但在信息化快速发展的挑战下，各种传统的和非传统的、自然的和社会的、国内的和国际的安全风险、常规与非常规突发事件交织并存，社会群体安全事件高发、四类突发事件互相转换，不稳定、不确定、不安全因素增加，这都让我国公共安全形势面临前所未有的严峻性，也为转型期中国的应急管理工作带来了诸多挑战。近年来，一系列重大突发事件的发生暴露了我国既有应急管理体系的缺陷与不足。

第一节　公共安全形势依然严峻，顶层设计亟待加强

安全发展是科学发展的必然要求，将安全发展作为一个重要理念纳入我国社会主义现代化建设的总体战略，这是对科学发展观认识的深化。在深入贯彻落实和学习实践科学发展观过程中，建设我国应急管理体系的各地方、各部门始终坚持以科学发展观为统领，对安全发展有了更深切的认识和体会，强烈地感受到必须始终坚持安全发展理念，将其作为深入贯彻落实科学发展观的重要内容，贯穿到实施国家和地方发展战略的全过程中，确保城市运行平稳安全，确保应急处置快捷高效。经过近年来的实践和不懈努力，安全发展已成为我国政治、经济和社会建设与发展的首要前提，安全发展的理念得以自觉贯彻执行，全国上下应急管理的意识不断深化，从领导干部到普通市民对应急管理的重视程度均日益提升。总体来看，应急管理的重要性主要体现在：它是社会管理工作的重中之重，是政府责任的重要体现，是民意要求的重要期盼，是经济社会发展的重要支撑；应急管理工作如果没做好，会直接影响我国小康社会建设，影响社会形象，影响国家利益，影响改革发展成果。

一、正确认识并处理发展与减灾、应急管理的关系

发展是第一要务，安全稳定是第一责任。坚持安全发展，就是要以科学发展观为统领，把应急、减灾工作纳入全面建成小康社会的总体布局，作为各级各部门、企业单位和社会公民的重要工作与责任来抓，牢固树立和落实科学发展观，坚持以人为本，不断增强政治意识、大局意识和责任意识，保安全、保民生，狠抓各项有利于科学发展的安全管理措施的落实工作，促进社会持续稳定发展。

总体来看，安全发展对于科学发展的意义在于：安全发展是对科学发展观认识的深化，是科学发展观理论体系的重要组成部分。科学发展观第一要义是发展，安全发展是国民经济又好又快发展的基础、前提和保障，这主要体现在以下几方面。

（1）“以人为本”是科学发展观的本质与核心，也是安全发展的重要指导方针。坚持以人为本，就是要把人民的利益作为一切工作的出发点和落脚点，安全发展的最终目的是保护人的生命安全和健康，体现了以人为本的思想和理念。

（2）全面、协调、可持续发展是科学发展观的基本内容与要求，也是安全发展追求的目标。全面、协调、可持续发展作为科学发展观的基本内容是相互联系的整体，其中哪一条都离不开安全发展。树立和坚持科学发展观，在一定意义上讲，就是要把安全发展纳入经济和社会协调发展的战略布局和总体规划中加以落实，同步协调发展。

（3）统筹兼顾是科学发展观的根本要求与方法，也是安全发展的基本内容。十六届三中全会提出的“五个统筹”是统筹兼顾的主要内容，科学发展观把发展看成是全面的、系统的、协调的过程，它更加注重发展人文特征、整体协调、持久永续和发展的多样性，因此，落实科学的发展观，必须做到统筹兼顾。“五个统筹”不仅是完善社会主义市场经济体制的重要指导方针，而且也是在安全发展中必须全面贯彻落实的重大要求。目前我国的安全现状，与国民经济的持续高速发展是不协调的，也在制约着社会的全面进步。统筹人与自然和谐发展就是要在发展经济的同时，切实解决好安全问题，把突发事件总量降下来，把突发事件多发的势头遏制住，维护人的生命权益、改善人的生存质量和环境，这正是安全发展的任务。

二、各级党委和政府对应急工作重视程度明显增强

领导重视、靠前指挥是保证科学地应急决策与指挥，快速有效地处置突发事件的前提。应急决策是一种非常态决策，具有时间紧迫、信息不充分、决策程序不规范、结果不确定等突出特性，这决定了科学决策是突发事件预防和处置工作的第一要务，也直接体现了各级党委政府的执政能力。领导的应急管理意识直接

影响着应急决策与指挥的效率，从根本上影响着突发事件应对的成功。

按照党中央、国务院的决策部署和要求，各级党委和政府将应急管理工作作为落实科学发展观、提高执政能力的重要内容摆到了突出位置，实现了“三个转变”。一是坚持关口前移的工作原则，牢固树立预防为主和综合减灾的观念，从注重事发后的应急处置，向城市运行和突发事件预防、处置与恢复全过程应急管理相结合的转变。二是从以部门为主的单灾种管理体制，向党委领导、政府主导的综合应急管理体制转变。三是从单纯应急管理向风险管理、应急管理、危机管理相结合的公共安全管理转变。

三、中国应急体系战略布局与顶层设计面临的挑战

（1）我国应急管理和防灾减灾基础工作还比较薄弱，政府的社会管理和公共服务职能还不到位，应急管理工作仍然存在着不符合科学发展、可持续发展要求的现象。一些地方和部门不同程度地存在着重表面、轻基础，重眼前、轻长远，重处置、轻预防，重效益、轻安全，重地上、轻地下的状况。

（2）政府危机意识淡薄，忧患意识和科学决策能力有待进一步提高。目前，有些领导同志对风险防范和危机管理的思想认识不足，责任制不落实；依法预防、依法处置的意识、素质和科学决策能力不强。这主要表现在：第一，侥幸心理。一些地方和单位缺乏忧患意识，没有把应急管理工作纳入重要议事日程。这主要有两种心态，一种是不愿意把钱用在预防工作上，“事故和灾难等突发事件概率很小，不一定就在我这里发生”，经常是“有钱买棺材，没有钱买药”。但是事故往往在那些管理最薄弱、隐患最多又得不到治理的单位爆发，灾难往往使那些最无准备、最无知的人群遭受最严重的伤害。另一种是“做了预防就不需要应急了”，由于没有应急的准备，遇到突发事件时往往措手不及，凭老经验，靠“想当然”。预防为主，预防与应急相结合是一条非常重要的原则，没有应急准备是应急管理的思想误区。当今社会，许多突发事件是不以人们的意志为转移的。有备可能无患，无备必有大患。第二，现实功利主义心态。往往重视眼前近期风险，忽视长期风险、巨灾风险的防控。这样就容易导致忽视小概率事件，非常不利于对小概率高威胁风险的治理。第三，吉祥文化。这是传统官僚制的习惯性做法。基于对绩效的错误理解和官僚政治需要而产生的“报喜不报忧”，使我们面对突发事件难以做出正面回应、有效应对等，而这种“潜规则”直接导致的就是事件信息的缓报、瞒报和漏报。

科学决策不仅要体现在突发事件的应对过程中，更要体现在风险防范到恢复重建等整个应急管理过程中。总之，要采取有效的措施，对干部进行必要的培训，促使他们不断地总结经验教训，不断地提高科学判断形势的能力、不断地提高应对复杂局面的能力、不断地提高应对突发事件和风险的能力，并在实践中不

断总结经验，得到提高。

（3）国内外应急管理发展战略调整与转变带来的挑战。在战略上，如何从举国救灾向举国减灾转变，从不惜一切代价应急处置向千方百计做好应急准备，全力施救、科学施救转变，如何从国家角度，立足有效应对大灾、巨灾和危机等，都是我国目前所面临的并需要调整的战略性、方向性问题。

（4）应急体系的建设现状已不能满足转型时期突发事件的多样性和复杂性迫切要求，应急管理体系亟待进行顶层设计和模式重构。我国目前的应急管理体系的形成过程具有渐进性、短期性和累积性的特征，由于新时期突发事件增多、复合性增强、破坏程度增大，现有的应急管理体系开始暴露出机构定位不清、协调机制不畅、资源和技术不足等问题，其深层次的问题是固化、分割的应急管理组织模式与突发事件的高度不确定性之间的矛盾，急需对应急管理体系进行前瞻性、战略性和整体化的顶层设计和模式重构。

（5）如何在顶层设计中妥善处理一系列相关关系，也是困扰我国应急体系战略规划的难题。这包括：①发展与安全、应急、减灾的关系。如何真正做到坚持发展是第一要务，安全稳定是第一责任。②政府与市场及社会的关系。如何做到政府主导，社会协同，公众参与。③党政军的关系。如何做到党委领导，政府负责，军地合作。结合大部制改革，职能相近的部门要合并，机构综合设置；政府机构与党委职责相近或相同的部门要综合设置、合署办公。④中央与地方的关系。国务院主要处置超出省级政府处置能力的重特大突发事件，地方政府确保国家法律、法规、中央方针政策的有效落实和突发事件的快速、有效、妥善处理。重点抓好本行政辖区，特别是城市的公共安全工作。⑤综合与部门的关系。部门要做强，做到“召之即来、来之能战、战之必胜”。综合机构要做实，对相关应急资源要备得齐、找得到、调得快、用得好。⑥政治决策与专业指挥的关系。

第二节　综合协调管理体系初步建成，高规格、权威性和有效性亟待加强

一、全国综合应急管理体制建设基本原则得以确定

2007年我国颁布并正式实施的《突发事件应对法》规定：国家建立统一领导、综合协调、分类管理、分级负责、属地管理为主的应急管理体制。

统一领导，是指在各级党委领导下，由各级政府负责应急管理具体工作。在国家层面，国务院是突发事件应急管理工作的最高行政领导机关；在地方，地方各级政府是本地区应急管理工作的行政领导机关，负责本行政区域各类突发事件应急管理工作，是负责此项工作的责任主体。

综合协调，有两层含义：一是政府对所属各有关部门、上级政府对下级政府、政府与社会各有关组织和团体的协调；二是各级政府突发事件应急管理工作的办事机构进行的日常协调。综合协调是在分工负责的基础上，强化统一指挥、协同联动，以减少运行环节、降低行政成本、提高快速反应能力。

分类管理，是指按照自然灾害、事故灾难、突发公共卫生和社会安全事件四类突发事件的不同特性实施应急管理，具体包括：根据不同类型的突发事件，确定管理规则，明确分级标准，开展预防和应急准备、监测与预警、应急处置与救援、恢复与重建等应对活动。由于一类突发事件往往由一个或者几个相关部门牵头负责，因此分类管理实际上就是分类负责，以充分发挥诸如防汛抗旱、核应急、防震减灾、反恐等指挥机构及其办公室在相关领域应对突发事件中的作用。

分级负责，主要是根据突发事件的影响范围和突发事件的级别不同，确定突发事件应对工作由不同层级的政府负责，需要强调的是，不管哪一等级的突发事件，事发地都要履行先期处置的职责。一般来说，一般和较大的自然灾害、事故灾难、公共卫生事件的应急处置工作分别由发生地县级和设区的市级人民政府统一领导；重大和特别重大的，由省级人民政府统一领导，其中影响全国、跨省级行政区域或者超出省级人民政府处置能力的特别重大的突发事件应对工作，由国务院统一领导。社会安全事件由于其特殊性，原则上也是由发生地的县级人民政府组织处置，但必要时上级人民政府可以直接处置。履行统一领导职责的地方人民政府不能消除或者有效控制突发事件引起的严重社会危害的，应当及时向上一级人民政府报告，请求支持。接到下级人民政府的报告后，上级人民政府应当根据实际情况对下级人民政府提供人力、财力支持和技术指导，必要时可以启用储备的应急救援物资、生活必需品和应急处置装备；有关突发事件升级的，应当由相应的上级人民政府统一领导应急处置工作。

属地管理为主，就是突发事件应急处置工作原则上由地方负责，即由突发事件发生地的县级以上地方人民政府负责。在此基础上，法律、行政法规规定由国务院有关部门对特定突发事件的应对工作负责的，就应当由国务院有关部门管理为主。例如，《中华人民共和国中国人民银行法》规定，商业银行已经或者可能发生信用危机，严重影响存款人的利益时，由中国人民银行对该银行实行接管，采取必要措施，以保护存款人利益，恢复商业银行正常经营能力。又如，《核电厂核事故应急管理条例》规定，全国的核事故应急管理工作由国务院指定的部门负责。

以上五个部分相互联系、相互支持、统筹协调、不可分割，是中国特色应急管理体制的核心内容。经过几年的发展，我国应急管理体制建设取得了显著成效。

二、全国综合、协调性应急管理组织体系初步形成

2006年4月10日，国务院办公厅发出《关于设置国务院应急管理办公室（国务院总值班室）的通知》，指出："……为进一步加强应急管理工作，全面履行政府职能……国务院办公厅设置国务院应急管理办公室（国务院总值班室），承担国务院应急管理的日常工作和国务院总值班工作，履行值守应急、信息汇总和综合协调职能，发挥运转枢纽作用。"此后，各省（自治区、直辖市）相继成立应急管理领导机构及其办事机构，国务院各有关部门陆续成立或加强了应急管理机构。截至2011年年底，所有省级人民政府、90%的地市、80%的县级人民政府都成立了应急管理领导机构及其办公室。

根据《国家突发公共事件总体应急预案》的规定，我国应急管理组织体系的内容包括：第一，领导机构。国务院是突发公共事件应急管理工作的最高行政领导机构。在国务院总理领导下，由国务院常务会议和国家相关突发公共事件应急指挥机构（以下简称相关应急指挥机构）负责突发事件的应急管理工作；必要时，派出国务院工作组指导有关工作。第二，办事机构。国务院办公厅设国务院应急管理办公室，履行值守应急、信息汇总和综合协调职责，发挥运转枢纽作用。第三，工作机构。国务院有关部门依据有关法律、行政法规和各自的职责，负责相关类别突发公共事件的应急管理工作，具体负责相关类别的突发公共事件专项和部门应急预案的起草与实施，贯彻落实国务院有关决定事项。第四，地方机构。地方各级人民政府是本行政区域突发公共事件应急管理工作的行政领导机构，负责本行政区域各类突发公共事件的应对工作。第五，专家组。国务院和各应急管理机构建立各类专业人才库，可以根据实际需要聘请有关专家组成专家组，为应急管理提供决策建议，必要时参加突发公共事件的应急处置工作。

三、各地积极探索并形成具有地方特色的管理模式

由于综合性应急管理组织建设的探索在我国尚属首例，因此，各地的发展模式也不尽相同。整体而言，各地政府普遍成立了应急管理的三大组织机构，包括突发事件应急委员会、应急管理办公室以及各类专项突发事件管理机构；其中，以突发事件应急委员会的地位最重要。这一组织结构的主要特点在于：在明确并夯实既有专项应急管理部门的组织机构和职责分工的基础上，重点加强政府统一协调和相互协同的应急管理功能。

经过近十年的探索，各地方政府结合自身特色都已探索出在当地较为行之有效的综合性应急管理组织管理模式。其中典型代表如下。

(1)"合二为一（党政共管），相对独立"模式。此类模式以北京市、陕西省

为典型代表。例如，在北京市，市应急委主任由市长担任，副主任由市委副书记和常务副市长担任，委员由市委、市政府和武警及卫戍区领导组成；在陕西省，省应急委员会主任由省长担任，副主任由省委副书记和常务副省长担任，相关省委常委、所有副省长和省军区、武警陕西总队领导以及省级相关部门的主要负责同志为委员。这种模式的主要特点在于：第一，在领导方式上，将党委与政府的应急管理权力统一起来，组成“应急管理委员会”领导小组①。第二，在组织管理原则上是“一个系统，两个任务”，即实行领导小组组长制，市长亲自挂帅，将发展与安全都统一到市长身上。第三，在具体操作层面，在政府体系内部建立应急管理机构体系，包括市级应急管理机构、专项应急指挥机构（条）和区县应急管理机构（块）。就北京而言，这一种应急管理的组织管理体系在2008年北京奥运会城市安全运行管理工作中，得到了很高的评价。

（2）“合二为一（党政共管），依托公安”模式。此类模式以上海市为典型代表，其主要特点在于：第一，在领导方式上，在市委、市政府领导下成立“减灾领导小组”作为减灾工作的非常设领导机构（由上海市政府及民防、公安、消防、信息等各职能部门组成），统一领导全市减灾工作。其主要职责是：研究确定全市减灾工作重大决策和指导意见，部署和总结年度全市性工作；指导全市性减灾重要项目建设，并检查落实情况；在发生全市性特大、特殊灾害事故以及必要时，决定启动市灾害事故紧急处置指挥部，并实施组织指挥。第二，在组织架构上，领导小组下设办公室、救灾应急指挥中心（灾害事故紧急处置指挥部）、减灾专家委员会，以及归并进来的灾种协调管理机构（将原有的抗震救灾、核化救援、防汛、防火、道路交通等5个市级抗灾救灾工作非常设领导机构归入进来）。第三，在具体操作层面，办公室是负责日常事务的办事机构；救灾应急指挥中心负责突发事件的先期应急处置，具体操作部门是市应急联动中心，该中心设在市公安局。

（3）技术整合，非行政整合。此类模式以广西南宁为典型代表，其主要特点在于：第一，依托应急平台创建和完善应急联动机制体制。其核心就是建立社会应急联动系统，简言之，就是通过一个通信系统与信息系统集成的平台，统一协调公安、消防、急救、交警、公共事业民防等政府部门，为市民提供快速、及时的各种救助和相应的服务。统一报警、统一指挥、快速反应、联合行动是社会应急联动系统的几大显著特色。第二，尽管建立了比较完善的联动系统，但该系统没有行政功能，在突发事件发生时，最终由谁统一指挥并不明确。

---

① 例如，在北京，2004年10月13日，市委常委会审议并通过《北京市突发公共事件总体应急预案》（京政发〔2004〕32号）。同时，决定成立北京市应急办，机构设在市政府办公厅，加挂北京市应急指挥中心的牌子。北京市应急办具体职能包括：根据市应急委的决定，负责规划、组织、协调、指导、检查本市突发公共事件的预防和应对工作。

（4）大部制模式。此类模式以2009年推动新一轮应急体制改革的深圳市为典型代表，其主要特点在于：第一，在国家推动政府职能转变、大部门体制构建和行政运行机制创新的大背景条件下，广东省也大胆探索应急管理体制改革，以深圳市为试点，借鉴美国等先进发达国家成功做法，整合原深圳市应急指挥中心、安全生产监督管理局、民防委员会办公室（地震局），组建了深圳市应急管理办公室（简称应急办），由深圳市政府一位副秘书长兼任应急办主任，探索并促进国防动员和应急指挥的有机融合，构建了“大应急”管理格局。第二，安全生产监督形成了应急办综合协调，各区、各行业主管部门按照安全生产“一岗双责”要求，各司其职、各负其责，职责更加明晰、任务更加明确的安全生产管理新格局。

综合来看，在所有的模式当中，“党政共管”被公认为既能充分体现党委统一领导下的行政领导负责制的原则，又符合应急管理工作的实际需求与特点。无论各地如何建立符合自身特点的应急管理体制模式，这一探索中的组织体系与抗击非典前我国主要采取“以部门为主，综合协调不足”的模式相比，呈现出常设性、综合性和专业性的特点，较之先前有了很大进步，也为推动应急管理工作奠定了组织基础。

四、中国综合性应急管理组织体系建设面临的挑战

我国的行政管理体制，基本上是部门管理的体制，属于一件事情的职能被人为地割裂开来了，这成为建立统一高效的管理体制的阻碍。我国政府应急管理体制与行政管理体制一样，不同程度地存在着部门分割、条块分治、综合不够、信息不畅、责任不明和主体单一等问题，这与公共安全面临的新形势不适应，并制约着应急管理水平和能力的提高。

（1）亟待建设党政军相互协调与合作的综合性应急管理体制，为实现国防力量的平战结合提供制度保证。一方面，目前我国的应急管理体制与党委是分割的，但是在实际工作中，很多涉及社会稳定的领域都是由常委担任相关部门的领导，而应急办很难协调这些部门。因此，随着突发事件逐渐演变，党委应何时介入是一个需要解决的问题。另一方面，目前应急管理体制与军队也是分开的，但在实际的应急管理工作中，往往需要军队发挥抗灾救灾和稳定民心的作用。同时，需要将国防动员机制列入国家应急管理体系中，将应急与应战有机融合，平时应急，战时应战，实现党政军在实际工作中的融合统一，为国防力量的平战结合提供制度保障。因此，建立怎样的机构或机制将党政军联系在一起是亟待解决的问题。

（2）从中央到地方的公共安全应急管理委员会体系建设尚待加强。目前在国务院层级，还没有公共安全应急管理委员会这一领导机构；而在一些地方，尽管

设置了“委员会”，亦形同虚设。自上而下的组织架构非常重要，因此需要进一步加强并落实应急管理委员会的职能与建设，使每一位应急管理成员都明确各自肩负的任务，达到上下畅通、纵横配合、应急快速、管理有序，充分发挥我国独特的政治优势。

（3）应急办的权威性和协调性亟待加强。尽管目前从中央到地方各个层级的人民政府都设置了应急办，但作为一个全新的探索，各级应急办存在着“头重脚轻、中间乏力”的毛病：第一，功能定位不清。目前，各级应急办的工作实质就是负责值守，远远没有达到“值守应急、信息汇总和综合协调的功能，发挥运转枢纽作用”这一最初的功能定位要求。同时，应急办的成立在一定程度上还造成了地方政府与职能部门“重复”设置的问题。在实际应对突发事件时，应急办往往成为指挥部的办公室（秘书处），而且由于“条条”、“块块”及“条块”之间的矛盾仍旧长期存在，应急办并不能履行其职能定位。第二，职能不完善。目前，全国各地应急办设置的标准、规格不一，现在比较普遍的是将应急办作为政府办公厅的内设机构，也有的把应急办与人防系统合起来成立民防局，还有的把应急办与公安整合起来，甚至把办公厅的值班室翻牌就变成应急办，这就导致这些（尤其是市县级人民政府的）应急管理机构不能完全满足应对特大突发事件的需求，甚至导致这些机构在应急管理过程中的职责“缺位”。第三，行政能力（级别、人员和经费）较弱。在级别设置方面，省一级应急办就有正厅、副厅、正处等不同等级的区别，整体来看，各级应急管理机构级别偏低；同时，各级应急办在人员和经费方面资源严重不足，而且并不具有自己的应急救援力量，这都严重影响了应急管理工作的深入推进。为深化应急管理工作，更好发挥应急管理机构“统筹、协调、补不足”的作用，有必要提升各级政府应急办级别，进一步增强权威性和协调性。

（4）专项应急指挥部应从临时性行为转为常规化建设。在多次的抗灾救灾中，临时成立的专项应急指挥部都发挥了非常重要的作用，但这种“临时”行为使得对突发事件的发生判断迟钝、对事件的应对显得滞后和低效。今后在应对突发事件中如何做到应急与预防、常态与非常态有机结合，还值得进一步研究，尤其是针对处置巨灾，就需要在今后的应急组织体系建设中健全应急指挥机构，需要将“临时”行为转化为“常规化”规定动作，真正实现“平战结合”，提高应对突发事件的效率。

（5）传统行政体制中“条条”“块块”“条块”矛盾，成为应急管理力量从分散化转向整合式管理的屏障。应对部门的单一性与处理突发事件的综合性需求之间的矛盾，这一方面表现为涉及面主体的多样性与决策面的单一性的矛盾，另一方面表现为突发事件的多样性（一种灾害延伸到另一种灾害）与应对主体的单一性的矛盾，这都要求整个应急体制由分散化转向整合式的管理。但目前传统行政体制在一定程度上阻碍了这一转变，主要表现在：第一，部门分割。从组织管理看，应急管理存在着部门化倾向，各应急管理部门的垂直管理较为完备，但各部门之间的职责分工关系并不十分明确，职责交叉和管理脱节现象并存，协调力度不够，协同性较差。这就容易造成在突发事件发生时各部门之间协调沟通不畅、现有应急管理力量得不到充分利用、资源闲置等问题，还会影响综合减灾的预见性和有效性，不利于实现早期预警和研判。第二，条块分治。目前在各级政府之间应急管理职责的划分、应急响应过程中条块部门的衔接配合等方面，还缺乏统一明确的界定，尚未完全形成职责明确、规范有序的分级响应体制。在实践中，应急管理原则上是小灾靠自救、中灾靠地方、大灾靠国家，但由于条块应急管理职责划分并不清晰，经常出现条块衔接配合不够、管理脱节、协调困难等问题，往往容易导致事故影响扩散，由“小灾”酿成“大祸”，由“单灾”变为“多难”。

(6)“属地管理为主”原则在实践中存在一系列问题。这包括：①上级领导有时过度反应。②一些地方不同程度存在着“坐、等、靠、要”的现象，往往错失应急处置的最佳时机。③需要进一步明确市（地）级政府是应急处置的主体，县（区）级政府是预防准备的主体，并确定各级领导赶赴事故现场、靠前指挥的具体办法，同时应改变以往单纯根据“伤亡数字”来判别事件等级的方式（有些突发事件的伤亡往往需要一段时间核实），应当主要以“是否超出属地政府应急管理能力”为标准来确定是否由上级机关介入应急处置。

第三节　应急准备体系响应主体被扩大，能力与制度建设尚待推进

除了在政府内部“条”“块”结合形成一盘棋外，广泛的社会参与、全国人民万众一心、同舟共济的道德与精神力量也成为我国成功应对各类重特大突发事件的重要因素。军民合作应对突发事件已经成为我国应对各类突发事件的一条宝贵的成功经验。实践证明：建设充分发挥公安消防以及武警、解放军、预备役民兵的骨干作用，各专业应急救援队伍各负其责、互为补充，企业专兼职救援队伍和社会志愿者共同参与的应急救援体系，是提高应急管理能力的重要保证。在此基础上，作为监督和评估应急管理工作的另一支重要力量，人大和政协也应被纳入应急体系中。只有充分发挥全社会各方面的作用，在党中央的统一领导下，这些队伍齐心合力、团结一致，才能有效应对各类重大突发事件。

一、武装部队是处置重大突发事件的突击力量

人民解放军、武警部队具有高度集中、反应迅速、组织性强、纪律严明的特

点，在政治、组织、力量、行动等方面，不仅有武装集团的优势，也有专业突击优势，既能发挥稳定局势的政治作用，也能发挥化解危机的突击作用。军队在和平时期参加抢险救援，最好地体现了人民军队为人民服务的宗旨，也是对军队战斗力的最好的检验和锻炼。我国军队参与应急管理的地位作用主要体现在以下几方面。

（1）维护稳定。重大突发事件常常会引发社会和群众的恐慌，甚至影响局部地区的稳定与安宁。军队的投入不仅有利于协助党和政府有效处置突发事件，而且能够迅速控制事态、稳定民心、恢复秩序、减少损失。

（2）突击救援。军队在参与国家应急管理中，大量的、经常的是执行抢险救灾任务，并发挥着突击作用。中华人民共和国成立以来，军队几乎参加了所有重大灾害的救援行动。在自然灾害越来越频繁的今天，应对灾害威胁正在成为军队新的使命和任务。军队的远程投送能力、应急反应速度和专业救援能力，决定着救灾的成效。在汶川特大地震等重大灾害面前，军队召之即来、来之能战、战之必胜。

（3）技术支撑。随着国际、国内安全形势的变化，新时期、新阶段国家安全要素呈现多元化的特点。军队除参加抢险救灾外，还在处置边（海、空）防突发事件、平息骚（动）乱、反恐怖袭击以及参加国际人道主义救援等方面发挥着特殊作用，特别是在核、化、生事故应急救援等一些专业领域更有着不可替代的作用。应急管理特别是处置突发事件，情报信息十分重要，军队具有强大和较为先进的情报体系和技术系统，能够为国家应急管理和处置突发事件提供及时可靠的预警性、内幕性情报支持。

（4）坚强后盾。国内外恐怖组织始终没有放弃针对中国的恐怖破坏活动，特别是“东突”组织制造暴乱、爆炸、暗杀、投毒等恐怖活动时有发生。此外，中国正处于社会“转型期”，也是突发事件的多发期，可以预见，随着改革发展的不断深入，一些深层次的矛盾和问题可能会导致社会不稳定因素的发生，如果处置不当，措施不力，有可能被敌对势力利用，甚至引发严重社会问题。处置类似突发事件，军队往往是公安武警的坚强后盾，起着重要的威慑作用。

二、各专业应急救援队伍是处置突发事件的骨干力量

目前，我国国务院各职能部门中负责应急管理的机构为了应对职责范围内的突发事件，分别建立了各自的应急管理指挥体系、应急救援体系和专业应急队伍（表 3-1），所涉及的领域包括医疗救护、矿山救援、森林灭火、防汛抗旱、水电油气通信的抢修、抗震等，并形成了突发事件的预警预报体制、部际协调体制和救援救助体制等，而且随着应对突发事件的要求不断增长，这些队伍的能力、装备等也在不断加强。

表 3-1 国家专业应急救援体系

专业应急救援体系	国务院主管部门	管理层级	队伍、人员	职责
公安救援体系	公安部	各行政层级	各级公安和武警队伍	公安治安救援
消防救援体系	公安部	国家、省、地(市)、县 4 级	3000 多个消防大队，2900 多个消防中队，共 12 万人	防火灭火、抢险救灾
地震救援体系	中国地震局	国家、省、重点市（县）3 级	国家紧急救援队，编制 230 人，区域和地方紧急救援队伍在组建之中	灾害救援
洪水救援体系	水利部	国家、省、地、县 4 级	162 支重点抗洪抢险专业队，人员 14 000 人	抗洪抢险救援
核事故救援体系	国防科学技术工业委员会	国家、地方和核电厂 3 级	各级核应急管理指挥中心和核电厂	核事故处理救援
森林火灾救援体系	国家林业局	国家、省、市、县 4 级	7 个武警森林总队，近 2 万人，各省市组建自己的森林防火队伍	森林火灾扑救
海事救援体系	交通部	国家、省 2 级	11 个沿海省（自治区、直辖市）和黑龙江省建立了省级海（水）上搜救中心，长江干线成立了长江干线水上搜救协调中心	海上搜救
矿山救援体系	国家安全生产监督管理总局	国家、省、市(县)、大型矿山 4 级	区域、重点矿山和矿山救护及医疗救护中心，7 支国家队、14 支区域队	矿山救援
化学事故救援体系	国家安全生产监督管理总局	国家、区域2 级	国家化学事故应急救援指挥中心，8 个区域抢救中心（挂靠国家安全生产监督管理总局）	化学事故应急管理
医疗救助体系	卫生部	各级行政层级	各级紧急救援中心和医疗救治机构	紧急医疗救助

资料来源：高小平．综合化：政府应急管理体制改革的方向．行政论坛，2007，(2)：24-30

三、广大民众与非政府组织是应急保障的基础力量

广大人民群众既是被保护的主体，也是应对突发事件依靠的主体。完善多元主体参与应急管理，可切实下调应急管理的重心，有效夯实应急管理基础，切实提高基层应急管理能力。预防突发事件的关键环节在基层，处置突发事件的第一现场也在基层。作为应急管理的基本单元，基层是应对突发事件的主战场。在近年来的应急管理工作中，各地也分别将重点放在夯实基层的应急管理基础，提高基层的应急管理水平上。有些省市在应急管理基层基础建设方面卓有成效，如广东省推进的“百人百场”应急管理宣传、陕西省的“四进五有”（应急管理进社

区、进乡村、进学校、进企业，有组织机构、有应急预案、有应急队伍、有应急保障、有科普宣教）为主要内容的省级基层应急管理示范点建设活动、上海市的基层应急管理单元、北京市的城区网格化信息管理模式等。此外，许多相关企业、行业、产业对提高应急管理能力也具有极大的市场潜力。

在广东省，为加强基层应急管理组织体系，乡镇（街道）逐步建立健全应急管理体制，确保有专人负责，建立 24 小时值班制度，做到应急管理工作“有人管、有人做”；同时，居（村）委会等基层群众自治组织、基层机关、社会团体和企事业单位也逐步建立健全应急管理组织体系。

在上海市，为了建立扁平化、全覆盖的应急管理体制，上海市在完善市级和区县应急机构的同时，针对全市应急管理的重点区域和高危行业，遴选出 9 个市级应急管理单元，分别落实组织体系、应急预案、保障体系、工作机制和指挥平台五个要素，提高常态防范及非常态的应急处置效能，市级基层单元的设置根据全市应急管理需要适时补充调整。

陕西省经过基层培育、组织申报、实地考察、专家评审、综合考评、政府审批等环节，已建成省级基层应急管理示范点 5 批 201 个，并在全国率先将基层应急管理示范点建设作为制度写进地方法规。与此同时，市级基层应急管理示范点创建活动也蓬勃开展，基层应急管理工作基础逐步得以夯实。

四、人大与政协是监督与评估应急工作的重要力量

《中华人民共和国宪法》第 71 条规定，“全国人民代表大会和全国人民代表大会常务委员会认为必要的时候，可以组织关于特定问题的调查委员会，并根据调查委员会的报告，作出相应的决议。调查委员会进行调查的时候，一切有关的国家机关、社会团体和公民都有义务向它提供必要的材料”。我国各级人大在立法、修法、监督（包括依法成立特定问题的调查委员会）和实施问责方面，各级人大常委会在应急管理的法律规定、应急管理工作的监督和质询等方面都具有非常重要的作用。

同时，《中国人民政治协商会议章程》第 2 条也明确了政协在民主监督和参政议政方面的重要职能。我国各级政协组织及政协委员在体察民意、通达社情、真知灼见等方面具有其独特的优势。

鉴于人大和政协对于建立符合我国特色的重大突发事件调查评估机制，都能发挥其独特的第三方监督作用，各地方政府也在积极探索利用各级人大的立法机构资源和发挥各级政协对重大突发事件处置的全过程进行全面、客观、实事求是的调查评估作用。例如，在上海“11 · 15”特大火灾后，上海市委请市人大、市政协对建设安全、和谐城市问题开展了大量工作，取得了较好成效。

因此，构建重大灾害的调查评估机制，考虑建设由各级人大、政协等机构牵

头的重大突发事件调查评估制度的运行机制和实现形式，实施独立的突发事件应急管理监督、调查、评估、问责，既可弥补现有体系的缺失，又可以充分发挥各级人大、政协组织的智力资源。将教训转变为知识、将知识转化为制度和法规，进而将制度和法规落实为行动，对提高我国应急管理能力有重要意义。

五、大力推进应急管理准备体系建设是当务之急

在应急管理过程中，重视政府、军队、企业、社团组织、公众等多元主体的参与，已经成为国外应急管理中较为成熟的理念。在我国，政府正在由管制型、管理型政府转向服务型政府，由政府单一主导转向由政府与社会公众联动的模式。但在整个准备体系的整合过程中，还存在着一系列的问题。

（1）专业处置队伍：建设与整合工作有待进一步加强。从近几年多次巨灾的应急过程来看，灾害袭击的地区普遍缺乏应对巨灾的思想准备和经验，特别是相应的基础设施和救援装备与应对灾害的需求极不适应，而且没有专业的处置队伍，或者处置队伍的应急救援工作与经济社会快速发展的形势、与保障人民群众生命财产安全需求还有一定的差距。因此，在将来的建设中，地方政府要舍得投资，加强应急能力和基础设施、设备以及专业救援队伍及其装备的建设。

（2）“第一响应人”与先期处置不到位，“属地管理为主”的原则在实际操作中没有被完全贯彻。供水、供电、供热、公共交通等领域的企事业单位，可以根据相关规定，在其经营管理的范围内实施应急处置，使“第一响应人”和先期处置主动有效。企业是安全生产的主体，对本企业发生的突发事故也必须进行先期处置。

（3）缺乏从法律层面上规范、指导全社会力量参与应急管理。这就包括构建与慈善基金会、非政府组织等社会团体的合作制度，充分发挥市场机制，制定鼓励和引导社会力量参与救援的保险、税收、资助等方面的制度和措施等。

（4）政府无限责任：主体单一，缺乏全社会参与的激励机制与平台。政府应该在应急管理中发挥主导作用，这并不意味着应对突发事件是政府一家之责；事实上，仅仅依靠政府一家之力也难以很好地应对突发事件。由于传统行政体制的影响，我国政府还没有完全从全能政府的“神坛”上走下来，还习惯于对社会事务大包大揽，过分依赖政府所属部门的力量，忽略了社会在应急管理中的能动性和积极性，造成应急管理的主体单一、社会参与度较低，并由此导致应急管理中的一些低效益的现象。

（5）缺乏制定和实施国家财政支持的巨灾保险制度。这就需要构建“以救助为底线、以保险为核心、以捐赠为补充”的混合型灾害保障机制。

第四节　应急机制总体架构基本形成，标准化、规范化有待推进

整体而言，应急管理机制建设是我国应急管理体系建设的关键，其关键性主要表现在它是实现科学决策的重要手段，是促进应急管理体制建设并弥补其中不足的关键要素，更是提高政府应急管理能力的根本途径。因此，近年来，各地各部门在总结并分析我国应急管理现状与特点的基础上，大力推进应急管理机制建设，取得了一定成效。

一、相关法规等文件出台为顶层设计奠定基础

近几年出台的《突发事件应对法》《国家突发公共事件总体应急预案》等相应法律法规和文件为在全国范围内规划并统一建设应急管理机制的整体框架奠定了基础。各地各部门在这些法规、文件所设定的整体框架下，陆续开始设计应急管理机制的顶层架构，完善并进一步细化和规范贯穿在应急管理全流程中的各个机制。具体而言，应急管理机制的整体框架一般都以应急管理全过程为主线，涵盖事前、事发、事中和事后各个阶段，主要包括预防与应急准备、监测预警、应急处置与救援、恢复与重建等多个环节。通过对应急管理流程和工作内容的统一，从而实现在统一全国应对突发事件方法和手段的基础上，全方位调集与整合各方资源，实现应急管理行动的协调统一。

综合来看，目前全国的应急管理机制可以概括为20大类（图3-1）。这20个机制围绕着有效应对突发事件，在统一的管理框架下融会贯通、相互作用和相互影响，共同构成“统一指挥、反应灵敏、协调有序、运转高效”的应急管理机制不可或缺的重要组成部分。其中：①预防与应急准备是应急管理的基础，是防患于未然的阶段，也是应对突发事件最重要的阶段，体现了预防为主，预防与应急并重、常态与非常态相结合的原则。②监测与预警是预防与应急准备的逻辑延伸，突发事件的早发现、早报告、早预警，是有效预防、减少突发事件的发生，控制、减轻和消除突发事件引起的严重社会危害的重要保障。③应急处置与救援是应对突发事件最关键的阶段，旨在快速反应、有效应对，最大限度地保障人民生命财产安全，最大限度地减少突发事件造成的损失。④恢复与重建是应对突发事件过程中的最后环节，旨在尽快恢复正常的生产、生活、工作和社会秩序，妥善解决应急处置过程中引发的矛盾和问题，并进入一个新阶段——突发事件应对中的后处理阶段，重在提高防灾减灾能力和应急管理能力。

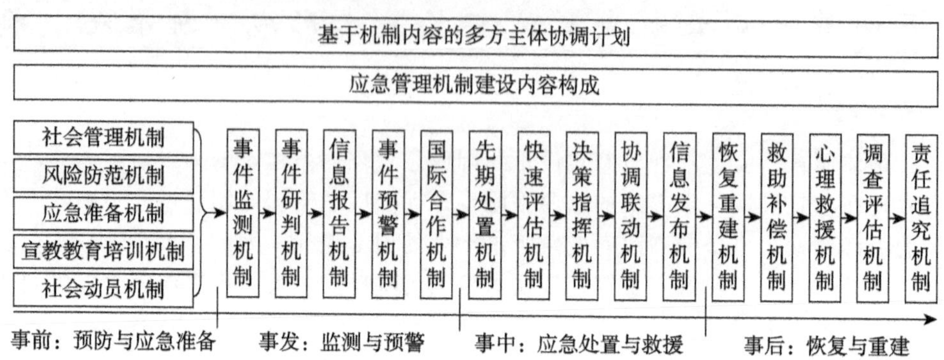

图 3-1 应急管理机制建设总体架构图“4 阶段×5 模块”模式

资料来源：闪淳昌，周玲，钟开斌．对我国应急管理机制建设的总体思考．国家行政学院学报，2011，(1)：8-10

需要说明的是，此处所展现的每一项机制并不是限定在某个特定的阶段，许多机制往往是贯穿在应急管理的全流程中并发挥着基础作用，我们只是为了方便阅读与理解，将它们放置到能够重点凸显其作用的章节里，如风险防范、信息报告、协调联动、社会动员、信息发布机制等，这一点需要说明并请关注。

二、各地区、部门选择特色领域开展建设并求创新

相关地区与部门在全面分析自身的应急管理工作特点与实际需求的基础上，特别重点针对一些相对重要但仍旧较为薄弱的机制，有针对性地加强其建设工作，见表 3-2。

表 3-2 典型地区与部门代表性机制建设及其特点（示例）

地区与部门	机制	具体内容
北京	风险管理机制	（1）确定风险管理工作的范围与重点 （2）制定北京市风险管理的工作流程 （3）建立北京市风险管理体系
	监测预警机制	（1）建立专业监测（自然灾害监测、突发公共卫生事件监测、城市运行监测平台、公共安全社会监测网络）和社会监测相结合的突发事件监测体系 （2）规定北京市预警信息发布的基本程序与发布平台
	信息报送机制	按照逐级负责、分类管理、及时准确与“三敏感”原则相结合的信息报送原则，构建了“市—区县—街乡镇—社区村”四级和基层单位与社会单位应急信息报告网络。应急信息管理工作步入规范化、制度化、常态化的轨道，做到了“每日有快报、每周有部署、每月有通报、每季有分析、每年有评估”，信息报送工作取得了显著成效
	应急决策与处置机制	（1）规定应急决策与处置的基本要求 （2）规范应急决策与处置的工作流程 （3）完善现场指挥部的设置与运行

续表

地区与部门	机制	具体内容
北京	应急联动机制	(1) 与中央各部门、各相关企业事业单位及驻京部队等分别建立应急联动机制，强化京津冀、首都圈、华北地区等区域间的沟通与协作 (2) 应急联动的“标识”制度（办法）
	宣教动员机制	(1) 完善工作体系与流程 (2) 开展宣传培训、建立公共安全教育基地 (3) 发挥基层社会单位的作用
	信息发布机制	完善突发事件信息发布的原则、组织指挥体系、职责体系、信息发布平台、新闻发言人制度
	恢复重建机制	(1) 建立突发事件损失评估标准体系，规范灾损评估程序、内容和方法 (2) 通过制定安置、救助、补偿、抚恤、保险等工作程序，建立政府采购应急相关产品制度 (3) 完善公共设施恢复重建机制，重点加强水、电、气、热、交通和通信等生命线工程的快速恢复能力建设
	调查评估机制	(1) 规范突发事件调查评估的组织和工作流程 (2) 健全突发事件调查评估指标体系 (3) 建立突发事件应对档案管理制度 (4) 健全应急管理工作绩效考核的流程和标准 (5) 明确责任追究制度 (6) 推进专家参与的第三方调查评估机制建设 (7) 阶段性、重点时期的公共安全形势的分析制度
上海	监测预警机制	与中国气象台加强合作，以气象及相关灾害为切入点，着力推进多灾种早期预警系统的建设，探索不同灾种管理部门之间联合预警、集中发布的工作模式，进一步提高预警效能
	分级分类的科普宣教机制	(1) 在干部教育培训方面，建立新进公务员应急管理知识培训机制，并依托上海行政学院，定期对本市应急管理干部进行专题培训 (2) 在社会宣传方面，按照分类管理的职责分工，由民防、民政等部门组织实施，并结合主题日开展应急管理宣传活动
	军地协同和区域协作机制	(1) 2010 年 12 月与苏、浙签订的《应急管理区域合作协议》，围绕应急信息沟通、应急处置协同、救援资源共享等级制建设开展 (2) 按照南京军区国防动员委员会和市突发公共事件应急管理委员会的要求在闵行区开展国防动员和军队指挥体制与政府应急管理体制相衔接的试点工作
广东	突发事件风险隐患评估与会商机制	省、各地级以上市均建立突发事件风险隐患排查和整改工作长效机制，每季度至少召开一次突发事件隐患评估与防范对策会商会
	建立健全行政决策与专家咨询相结合的应急决策机制	实施突发事件隐患评估与防范对策会商会制度，组织应急管理专家与省应急委成员单位及时总结每季度全省突发事件基本情况，科学分析下一季度突发事件隐患和态势，做到“早预防、早排查、早监测、早化解”

续表

地区与部门	机制		具体内容
广东	推动建设军地协调作战机制		2012 年 4 月，省应急平台与广州军区、省军区应急平台实现互联互通
	建立健全协调有序的应急联动机制		《泛珠三角区域内地 9 省（区）突发事件应急联动机制管理办法》
	《广东省突发事件现场指挥官制度实施办法（试行）》		以推行现场指挥官为突破口创新应急管理现场处置机制
陕西	《陕西省突发事件预警信息发布管理暂行办法》		对预警信息的发布进行规范。依托省气象台建成了省级预警信息发布平台，与省政府应急指挥中心和省级相关部门互联互通
	联动机制	《关于进一步加强民兵预备役部队应急救援力量建设的意见》	依托预备役部队组建了 50 个突击救援分队，强化了军地应急联动机制
		《黄河中游 4 省（区）应急管理合作协议》	陕西与山西、内蒙古、河南建立的黄河中游 4 省（区）应急联动工作会议制度
		部门联动	建立并完善了由省应急办牵头，省公安厅、省交通厅、省气象局、西安铁路局、民航西北管理局、西部机场集团、各航空公司驻陕机构和西安市、咸阳市应急办等多部门参加的陕西省应急交通保障联动机制
			建立了省应急办、省公安厅、省安全厅、省信访局等省级机关和有关地市参加的处置群体性事件长效机制，制订了《处置省政府机关门前非正常上访工作实施方案》和《处置省政府机关门前非正常上访的实施细则》
		条块联动	陕西与甘肃、青海、宁夏、新疆五省（区）应急办及地震局建立了西北五省（区）地震应急救援区域协作联动机制，签订了《西北五省（区）地震应急联动协议》
	重大突发事件发生发展趋势评估研判会议制度		每年两次
	《陕西省处置突发事件媒体联络机制》		明确了信息报告、信息共享、信息发布和舆论引导工作机制
	评估机制		（1）突发事件发生发展趋势评估研判制度 （2）应急处置绩效评估制度 （3）重特大突发事件专项评估制度
	《陕西省应急管理工作考核暂行办法》		规范了考核和奖惩机制

续表

<table>
<tr><th>地区与部门</th><th colspan="2">机制</th><th>具体内容</th></tr>
<tr><td rowspan="4">卫生部</td><td colspan="2" rowspan="3">多部门、跨区域的应急协调机制</td><td>信息沟通和措施联动机制。会同 30 多个部门建立了多部门突发事件卫生应急协调机制，与总参作战部、总后卫生部建立了军地卫生应急合作机制，与武警部队建立了卫生应急协作机制</td></tr>
<tr><td>与相关部门建立了单项协作机制：
与农业部建立了人畜共患病联防联控协调机制
与国家质检总局建立了口岸突发公共卫生事件联防联控机制
与中国气象局建立了应对不良气象条件引发的公共卫生事件合作机制</td></tr>
<tr><td>推进地区联防联控机制建设：
与香港卫生福利及食物局、澳门社会文化司签订了突发公共卫生事件应急机制合作协议
与相关部门建立《国际卫生条例（2005）》，推动北方 9 省、南方 5 省建立鼠疫联防联控机制</td></tr>
<tr><td colspan="2">传染病疫情和公共卫生事件的网络直报制度</td><td>实现了全国 100％疾病预防控制机构、98％县及县级以上医疗机构和 87％乡镇卫生院的传染病疫情和公共卫生事件的网络直报</td></tr>
<tr><td rowspan="3">公安消防部队</td><td colspan="2">四级应急救援响应机制</td><td>一级为跨省（自治区、直辖市）救援，由公安部根据党中央和国务院要求组织实施；二级为跨市（地、州、盟）救援，由省（自治区、直辖市）公安厅（局）及公安消防总队组织实施；三级为跨县（市、区、旗）救援，由市（地、州、盟）公安局及公安消防支队组织实施；四级为县级区域内救援，由县（市、区、旗）公安局及公安消防大队组织实施，同时报上级机关</td></tr>
<tr><td rowspan="2">应急联动机制</td><td>《关于共同加强突发灾害应急救援工作的通知》</td><td>建立了民政救灾和公安消防应急联动救援机制</td></tr>
<tr><td>《关于做好灭火救援现场紧急救护工作的通知》</td><td>建立了医疗急救和公安消防应急联动救护机制</td></tr>
</table>

同时，相关地区和部门还注重加强对一些典型突发事件的评估、总结，对目前业已成熟的一些应急管理机制，正在进一步发展并固化或法制化，并通过相应案例的深入分析总结出经验并在一定范围内推广实施。

在强调重点领域机制建设的同时，各地各部门还鼓励创新性地开展机制建设。由于应急管理是一项新的课题，在具体工作中应鼓励相关人员敢于负责、敢于决策，善于用改革的办法、创新的办法应对突发事件，并在实践中不断改进和完善，从而提高机制建设的质量与效果。在实际工作中，相关地区和部门也实现了对现有机制的改进与创新。例如，2008 年雨雪冰冻灾害中人工除冰的手段，“高速公路，低速运行”的规定，为保交通、保电力、保民生实施的“大分流、大破冰、大救援”以及对车辆“不罚款、不卸载、不检查、不收费”的政策；

2008年汶川大地震中四川省委、省政府"开仓放粮""发出粮食就是胜利"的举措；等等。这些都被证明是在当时紧急状态下缓解压力、提高应急管理效率的有效手段。在此基础上，相关地区和部门开始加强对这些创新型机制的研究、评估与总结，对于一些行之有效的机制与制度予以推广。

值得注意的是，创新具有一定的风险，特别是在危机处置中，要鼓励指挥员敢于负责、敢于决策，并在应急处置中科学、冷静、果断决策，要在强化问责制的同时，对危机处置中的一些创新性决策行为予以支持，对决策中的失误予以"宽恕"。

三、开始着手规范应急机制的建设标准与程序

应急管理是一项复杂的、开放的系统工程，需要"条块"、"条条"和"块块"的配合、协调、联动，这就对流程设计中标准、术语的通用性与兼容性提出了更高的要求。目前，为了开发通用的术语与标准体系，各地、各部门在沿用已有的部门标准与专业术语的基础上，开始研究涉及外部衔接的流程必须考虑的相容与通用的问题。例如，北京市应急办于2007年组织开展了"北京市应急管理七大机制研究"，针对北京市应急管理运行机制存在的薄弱环节和尚需规范的方面开展总体设计与规划，主要研究北京市应急管理工作的运行机制，重点包括预测预警、信息报告、应急决策与处置、社会动员、信息发布、恢复重建和调查评估七大机制。其内容包括对机制的定义、内涵与外延、建设的基本原则、工作内容等方面进行统一和规范，按照系统化、标准化的要求，在全市范围内对应急管理的工作流程和制度进行统一谋划。

四、为机制建设与实施提供系列保障制度与措施

为保障突发事件预防与处置工作有效运行，各地、各部门还采取了一系列措施提供应急管理保障，主要包括人力资源、财力保障、物资保障、基本生活保障、医疗卫生保障、交通运输保障、治安维护、人员防护、通信保障、公共设施、科技支撑等方面的重要综合性配套机制。这些保障制度贯穿突发事件事前的预防与准备，事发的监测与预警、事中的处置与救援以及事后的恢复与重建全流程的各个环节。

除了不断完善应急队伍、应急资金、应急物资等基础保障体系，各地、各部门近年来还重点加强了应急通行、应急避难场所、应急通信、医疗卫生等方面的保障制度建设，尤其是信息化和网络化在应急管理中的应用，依靠科技进步来加强应急管理信息化建设。具体包括：①利用应急平台和互联网实现互联互通、多方信息共享和会商研判，使领导和指挥员在应急指挥平台拓展"现场处置、靠前指挥"的概念，提高跨层级、跨区域的协调联动和同时处置两起以上重大突发事

件的能力，真正发挥应急平台的作用。②利用信息化手段，完善各类突发事件监测预警系统，扩大监测覆盖面，提高预警的实效性和准确性，强化国家重要基础设施和保护目标的监测监控。③推进应急管理物联网建设，完善隐患管理、地理信息资源、应急队伍、物资等基础数据库系统，推行事故案例推演，切实改进演练培训模式，从根本上提高应急管理水平。

五、中国科学化、规范化应急机制建设面临的挑战

有一种普遍的观点是，中国的应急体系虽然在“预见”灾难这一问题上稍显滞后，但是一旦有了“集体决策”“领导批示”之后，强大的号召力和动员力迅速显现，其解决突发事件“应急能力”的效果与强度是其他国家很难比肩的。尽管这是事实，但是在面对科学处置危机，应对突发事件必须兼顾成本与效率等相关指标的检验时，这种应急能力也受到了巨大考验。

1. 体制与机制：应急管理机构的不稳定导致缺乏制度化、系统化的应对机制

尽管已经在全国范围内建立了应急管理组织体系，但是，在应对突发事件，尤其是大灾时，目前政府还是倾向于用临时抽调部分人员组成的非常设机构来处置与应对。这种应急管理机构的临时性和不确定性，一方面不利于事件的有效处理，另一方面也会导致制度化、系统化的突发事件应对机制体系的欠缺。这容易导致当面对复合型突发事件，尤其是该突发事件会产生社会事件等次生、衍生灾害时，由于牵涉面较广、影响范围较大，仅靠单一的政府职能机构难以应对。然而，由于普遍缺乏完备的协调机制，政府内外不能进行有效统合，不仅延误处置时机，还往往导致事件向更大的范围扩展。

2. 机制建设标准缺乏，一些需要在国家层面总体协调的关键机制建设较为薄弱

我国应急机制建设普遍存在着标准不统一、内容不完善等问题，尤其是包括了风险评估、重要基础设施与关键资源的保护机制、协调联动机制、决策指挥机制、第三方评估机制、问责机制等一些需要在国家层面总体协调的重要机制建设非常薄弱：①预警机制不健全。预报不等于预警，更不等于灾害预报，多次应对灾害的经验表明，气象灾害的预评估和多部门的会商机制的缺失，导致了对多次巨灾的预见性不足。②我国适应市场经济的巨灾保险制度没能与国际接轨，还不健全。③重特大突发事件的调查评估机制尚不完善。④从信息传递机制来看，在巨灾应对初期，通常没能及时建立统一权威信息的发布渠道并加大对多种媒体的管理力度，有些信息不够准确、全面、客观。例如，在应对 2008 年南方雨雪冰冻灾害时，对广州火车站大量滞留旅客是走是留的导引上就存在协调不够、信息不对称的问题，甚至某些报道还带来了负面效应等。⑤缺乏国家重要基础设施与关键资源的保护机制。⑥协调联动机制问题。在多次的灾害应对过程中，暴露出

比较多的综合协调问题，尤其是党政、军地协调问题。

3. 应急管理关键环节的操作性不强，不能根据当地实际情况随时调整应对方案

例如，各级行政官员处置突发事件的等级需要做出明确规定，在伤亡多少人的情况下，国家总理或副总理必须赶到现场；发生怎样规模的突发事件，省委书记、省长必须到现场。对于突发事件的损失和数字的信息报告机制需进一步完善，现在的通病是出现自然灾害，损失和数字报告得越大越好，从而得到上级支援；发生安全生产事故、社会稳定事件，则将损失和情况缩到越小越好。其他的客观情况还包括降半旗的标准、动用军队的前提、设立避难场所和避难地点的区域、针对警报采取响应的方式和流程、应急处置的物资与资金保障等，这些都需要加以明确。

4. 机制联动与衔接：是行政程序，还是行政文化

党政、军地、“条条”、“块块”和“条块”之间缺乏有效的协同配合与联动，综合协调管理仍旧是一个难题，这在灾害应对初期表现得尤其明显。应急过程中，各个部门之间存在各种矛盾，希望有一个“程序化”的综合协调机制；然而，从日常管理进入应急管理后，各个部门职能的交叉和矛盾是必然的，“程序化”解决这些矛盾也存在风险，这就需要一种创新和激励性的文化来创造出新的应对“程序”来进行部门的协调与沟通。因此，综合协调究竟应该是行政程序还是行政文化问题，也需要进一步探讨。

第五节　应急法律体系框架基本建立，内容尚需补充、深化和完善

一、《突发事件应对法》已正式实施

2007 年 8 月 30 日，第十届全国人大常委会第二十九次会议通过了《突发事件应对法》，对突发事件的管理体制、预防与应急准备、监测与预警、应急处置与救援、事后恢复与重建等方面做了全面规定。11 月 1 日，《突发事件应对法》正式施行，这是中国第一部应对各类突发事件的综合性法律，确立了应急管理工作的法制化方向，集中体现了对应急管理工作规律性的认识，是全面推动应急管理体系建设、规范突发事件应对活动的重要法律保障。《突发事件应对法》的颁布实施是中国社会主义和谐社会建设和民主法制建设的一件大事，标志着突发事件应对工作全面纳入法制化轨道，也标志着依法行政进入更广阔的领域，对于提高全社会应对突发事件的能力，及时有效地控制、减轻和消除突发事件引起的严重社会危害，保护人民生命财产安全，维护国家安全、公共安全和环境安全，构

建社会主义和谐社会，具有重要意义和深远影响。

二、以《突发事件应对法》为核心的应急管理法律体系初步建立

国家建立应急管理法制的最终目的是追求非常状态下的法治，即应急管理法治。而实现这一目标的基础，是存在一套相对完整的应急管理法律规范，以保证应急管理“有法可依”“依法应急”。结合中国现状，《突发事件应对法》的出台实施，标志着中国规范应对各类突发事件共同行为的基本法律制度已确立，为有效实施应急管理提供了更加完备的法律依据和法制保障。自此，中国应急管理法律体系表现为以宪法为依据（含紧急状态的相关规定），以《突发事件应对法》为核心，以相关单项法律法规为配套（如《中华人民共和国防洪法》《中华人民共和国传染病防治法》《中华人民共和国安全生产法》等）的特点。此外，一些应急管理相关法中的部分条款、有关国际条约和协定、突发事件应急预案也对中国应急管理的法律体系形成了有力的补充。

三、各地快速启动立法调研并出台实施办法

《突发事件应对法》正式施行后，各地高度重视该法的贯彻落实工作，如北京市明确提出奥运会前出台具体实施办法的工作目标，全面启动立法调研工作，于 2008 年 5 月 23 日，由市十三届人大常委会第四次会议审议通过了《北京市实施〈中华人民共和国突发事件应对法〉办法》，并于 2008 年 7 月 1 日实施，这是国内第一部应急管理地方性法规。其他地区也相继出台了相关文件，如 2010 年 6 月 2 日，《广东省突发事件应对条例》经省人大审议通过，7 月 1 日正式颁布实施；2012 年 2 月 27 日，陕西省《实施办法》经省政府第四次常务会议审定通过，报请省人大常委会审议；等等。

在严格遵循《突发事件应对法》确立的原则和基本制度的前提下，各地紧密结合实际，深入总结、分析应急管理工作的实践经验及面临的主要问题。在研究借鉴国内外有关法律制度，进一步补充、完善和细化了应对突发事件的各项措施，同时，还注重把握与国家相关专项法律、行政法规和有关地方性法规的关系，与《国家突发公共事件总体应急预案》等重要文件做好衔接。例如，陕西省的《实施办法》，其创新点就包括：在全国首次明确规定了应急预案的制定要求、修订时限；首次明确应急体系建设规划的基本内容；首次将基层应急管理示范点建设作为制度写进法规；首次将应急平台体系建设的内容和具备的基本功能写进法规；首次确定突发事件应对知识宣传日，并将应急管理知识纳入党校和行政学院的教学内容；首次明确提出建立应对突发事件的奖励与抚助机制；等等。

四、明确配套制度与措施保证应急法制的顺利实施

为了保证《突发事件应对法实施办法》或《突发事件应对条例》的顺利实施与落实，各地还明确了研究制定相关配套制度和措施的工作任务与责任单位，并在辖区开展了应急法制的宣传、学习、培训和贯彻落实工作，见表 3-3。

表 3-3 典型地区实施《突发事件应对法》的配套制度与措施（示例）

地区	配套制度与措施	
北京	配套制度	《北京市人民政府关于加强公共安全风险管理工作的意见》
		《北京市公共安全风险管理实施指南》
		《北京市城市轨道交通安全运营管理办法》
		《应急通行机制》
		《北京市突发事件应急预案管理办法》
		《北京市突发事件应急演练管理办法》
		《关于突发事件专项准备资金管理和使用办法》
		《应急救援队伍建设指导意见》
		《应急物资储备管理指导意见》
		《应急避难场所规划、建设、管理和使用指导意见》
		《信息公开工作方案》
		《公共安全教育基地规划纲要》
		《公共安全教育基地管理办法》
		《首都地区应急联动机制研究报告》
		《关于落实北京市 2009 年拟办重要实事中建立应急志愿者队伍工作的实施方案》
		《关于加强公共交通应急管理工作的指导意见》
		《关于党政领导干部社会治安综合治理工作履职考核评价实施办法》
		《北京市行政问责暂行办法》
		《北京市实施〈关于实行党政领导干部问责的暂行规定〉办法》
		《突发事件应对工作责任追究办法》
		《北京市 800 兆无线政务网应急通信优先保障措施》
	具体措施	将《突发事件应对法》《北京市实施〈中华人民共和国突发事件应对法〉办法》列为“五五”普法内容，并开展了形式多样的普法宣传工作。这包括印制《北京市实施〈中华人民共和国突发事件应对法〉办法》知识挂图 5 万余份，并在 7000 多个单位和社区广泛张贴；对各类社会群体进行专场宣讲；将相关知识制作光盘下发各基层单位
		各专项应急指挥部办公室、各区县应急委、各相关部门和单位根据自身实际，结合“5·12 防灾减灾日”“国际民防日”“全国科普宣传周”“全国安全生产月”“全国消防日”等主题活动，通过电台、电视台、报纸、网络以及宣传栏、宣传标语等多种载体，组织开展《北京市实施〈中华人民共和国突发事件应对法〉办法》各类宣传活动 2000 余次，涉及人口超过 500 万人

续表

地区	配套制度与措施	
北京	具体措施	通过全面开展培训工作，广泛组织各级领导干部、应急管理工作人员、公务员和基层组织、企事业单位负责人深入学习《突发事件应对法》
广东	配套制度	《广东省应急志愿者管理办法（试行）》
		《广东省应急平台体系数据库建设方案》
		《广东省应急管理工作考核办法（试行）》
		《广东省安全生产检查、督查工作规范》
	具体措施	《突发事件应对条例》实施1周年，省人大常委会办公厅会同省政府办公厅等有关单位组成联合督查组分片区对21个地级以上市贯彻实施情况进行全面督查，及时解决《突发事件应对条例》贯彻实施过程中遇到的问题
		开展“贯彻实施条例大家谈”、贯彻实施条例知识竞赛、“应急管理法制建设”专题研讨会、全省应急管理法制建设研讨班等十大工程
陕西	具体措施	邀请国务院应急管理办公室、国务院法制办公室有关领导和相关专家就贯彻实施《突发事件应对法》和应急管理工作对全省分管领导和应急系统工作人员进行了专题培训
		市、县（区）、乡（镇）、街道办利用各种形式，组织开展培训工作
		各基层组织积极开展了《突发事件应对法》进校园、进企业、进社区、进农村的宣传活动

五、中国综合性应急管理法制体系建设面临的挑战

1.《突发事件应对法》的操作性有待加强

尽管《突发事件应对法》已于2007年正式颁布实施，但值得注意的是，在随后2008年发生的雨雪冰冻灾害和汶川地震灾害的应急处置过程中，《突发事件应对法》的精神与内容没有得到充分体现，其原因主要是：这部法律实施时间比较短，各级领导干部积极主动学法、懂法、用法不够，宣传贯彻落实的工作还远未到位。

与此同时，《突发事件应对法》操作性有待加强。这表现在：①定位不清。从内容上看，它不是约束性强的法律条文，更像是比较理想的愿景。就目前来看，还没有任何个人或组织机构因为违反《突发事件应对法》而承担法律责任。②缺乏权威性的应急管理常设机构作为执法主体。③相关内容缺失。例如，缺乏紧急状态的宣布程序、主体、撤销程序，使得很多应急状态下的政府行为缺乏法律依据。④法律缺乏“实用性”。缺乏具有可操作性的配套法规、政策、标准和措施，这样就无法对应对突发事件的指挥程序、预警级别、联动机制、信息报送和发布、医疗救治、救灾防病、人财物的保障等进一步加以规范。⑤存在与整个法律体系的整合，与其他相关法律之间的协调、衔接问题。

2. 应急法制体系中针对单一类型突发事件的单行法不够全面，缺乏有关领域的专门立法

我国目前主要采取部门划分的应急管理模式，也就是在突发事件爆发后，按照事件的类别规定相应的部门来处理事件。然而，如今的突发事件正趋于多样化、复合化，按照部门划分的应急处理模式很难适合当今应急管理的需求。在分散化的应急处理模式下，各部门处理超出自己控制范围的突发事件时，容易出现自由权过大，侵犯公民合法权利的问题。这时，如果公民无法根据相关领域统一有效的法律来对抗行使行政紧急权的行为，不利于保护公民的权利。这尤其体现在综合防灾减灾、社会安全事件等领域，而诸如国防动员法、反恐怖法等在我国仍是空白；对于应急管理动员机制、防灾减灾与应急准备、灾后恢复重建、巨灾保险机制、群体性事件预防与应对、社会稳定风险评估等重要问题还未做出制度化规范。

3. 应急法律体系缺乏具体的配套制度和实施细则，许多突发事件应急处理立法的可操作性不强

这主要表现为在内容上较为原则、抽象，缺乏具体的实施细则。例如，《突发公共卫生事件应急条例》第 4 条规定："突发事件发生后，省、自治区、直辖市人民政府成立地方突发事件应急处理指挥部，省、自治区、直辖市人民政府主要领导人担任总指挥，负责领导、指挥本行政区域内突发事件应急处理工作。"其中既没有规定应急处理指挥部门的具体人员构成，也没有说明应急处理指挥部门的职能、职权与职责。这样的法律法规条文过于笼统，缺乏对政府机构进行应急管理的指导作用，也不能对政府官员或部门推脱责任、滥用职权的行为进行有效制约。

第六节　全国应急预案体系基本形成，针对性、实用性和可操作性有待加强

应急预案是应急管理的基础，也是我国应急管理体系建设的首要工作，在整个应急管理体系建设中起到龙头的作用，因此，在我国应急管理体系设计之初，应急预案不单是为有效应对各类突发事件提供一个迅速、有效、有序的行动方案，更重要的是，应急预案成为不断发展和完善应急管理体制、机制、法制的重要抓手。在我国应急管理体系建设的推进过程中，"一案"促"三制"的作用得到明显体现，应急预案建设为应急管理体制、机制、法制建设提供了基础性支撑、保障作用，"三制"又为应急预案的制定、改进和完善提供了源源不断的资源。

一、围绕国家总体预案基本建成全国应急预案体系

我国的应急预案体系建设的重大转折是2003年非典事件，在这之后国务院用了很大力量组织制定《国家突发公共事件总体应急预案》以及专项应急预案和部门应急预案，我国应急预案体系建设进入快速发展时期。总体来看，我国各级应急预案的编制工作取得了重大的进展，总体表现为“横向到边、纵向到底、上下呼应、门类齐全”的特点，全国应急预案体系向多层次、全方位、宽领域、广覆盖方向不断发展，许多基层单位及企业通过应急预案规范化、简约化、牌板化不断提高预案的实用性。

1.《国家突发公共事件总体应急预案》颁布并实施

2006年1月，国务院发布《国家突发公共事件总体应急预案》，共6章，分别为总则、组织体系、运行机制、应急保障、监督管理和附则。总体预案体现了“分类分级”的原则，将突发公共事件分成自然灾害、事故灾难、公共卫生事件、社会安全事件四类；按照各类突发公共事件的性质、严重程度、可控性和影响范围等因素，总体预案将突发公共事件分为四级，即Ⅰ级（特别严重）、Ⅱ级（重大）、Ⅲ级（较大）、Ⅳ级（一般）。

我国建立统一领导、综合协调、分类管理、分级负责、属地管理为主的应急管理体制的构想直接来源于国家总体预案；各类应急管理机构，包括应急指挥机构及其办事机构、专家咨询机构、应急救援队伍的设立和职责正体现了应急预案的要求。

2006年，《国务院关于全面加强应急管理工作的意见》指出，要“构建统一指挥、反应灵敏、协调有序、运转高效的应急管理机制”，这也正是国家总体预案关于“工作原则”提出的具体要求；应急预案中的运行机制包括预防准备、监测预警、信息报告、决策指挥、公共沟通、社会动员、恢复重建、调查评估、应急保障等成为各级政府突发事件应急管理全过程中各种制度化、程序化的应急管理方法与措施。

我国的国家级、省级应急预案发布后，应急管理实践发挥着重要的规范和指引功能，已经成为应急法律体系的一部分。此外，国家总体预案中的重要内容直接成为其后颁布的《突发事件应对法》中的条款。

总之，我国“一案三制”为核心的应急管理体系以全面整合为主要特征，应急预案是应急管理体制、机制、法制建设的基石，为我国应急管理从单一性到综合性、临时性到制度性、封闭性到开放性、应急性到保障性的积极转变发挥了关键作用。

2.“横向到边、纵向到底、上下呼应、门类齐全”的全国应急预案体系基本形成

2003年7月28日，抗击非典取得胜利的表彰大会在北京召开，胡锦涛总书记在会上明确指出：“要大力增强应对风险和突发事件的能力，经常性地做好应对风险和突发事件的思想准备、预案准备、机制准备和工作准备，坚持防患于未然。”这标志着党中央国务院第一次明确提出，政府管理除了常态以外，要高度重视非常态管理。政府第一次把应急预案体系建设提上议事日程，这是我国应急预案体系建设的第一个里程碑。

2003年10月，党的十六届三中全会明确提出了“建立健全各种预警和应急机制，提高政府应对突发事件和风险的能力”的要求，应急预案作为提升政府突发事件应对能力的重要突破口，成为一项迫在眉睫的任务。2003年12月，国务院办公厅成立应急预案工作小组，我国应急预案体系建设在全国范围内全面铺开。

2005年3月14日，十届人大三次会议审议通过的温家宝总理的《政府工作报告》明确提出：“我们组织制定了国家突发公共事件总体应急预案，以及应对自然灾害、事故灾难、公共卫生和社会安全等方面105个专项和部门应急预案；各省（区、市）也完成了省级总体应急预案的编制工作。”随后，各类各级应急预案相继发布实施，全国的应急预案体系基本形成。

按照“统一领导、分类管理、分级负责”的原则，根据不同责任主体，我国突发事件应急预案体系划分为突发公共事件总体应急预案、突发公共事件专项应急预案、突发公共事件部门应急预案、突发公共事件地方应急预案、企事业单位应急预案、重大活动应急预案六个层次（图3-2）。

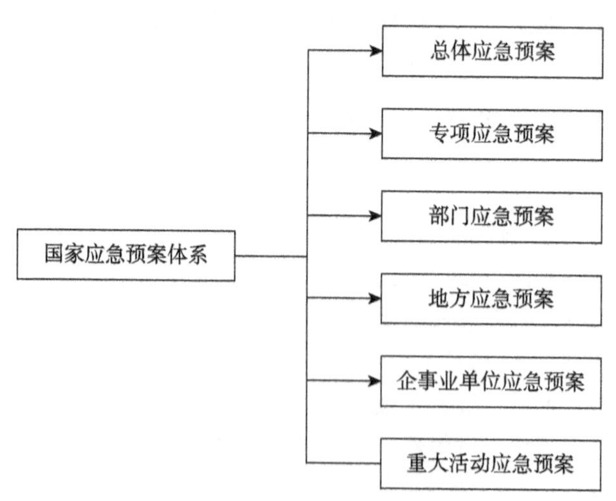

图3-2　国家突发事件应急预案体系

2012年，国务院已经颁布了28个专项应急预案，分为4大类，其中自然灾害6个、事故灾难9个、公共卫生事件4个、社会安全事件9个，由国务院的相关部门牵头编制。部门预案是国务院有关部门（单位）根据其职责分工编制的，已发布了86个，一些实行垂直管理的部门，如铁道部，在其内部也形成了较完整的应急预案体系。地方应急预案编制工作大有成效，我国31个省（自治区、直辖市，不包括港澳台地区）都建立起应急预案体系并在不断完善；此外，所有的地（市）、县政府都完成了突发公共事件应急预案的编制，而且全国绝大部分乡（镇）及基层政权组织都编制了突发公共事件应急预案。各类企事业单位按照有关规定和标准，基本上都制定了相关的应急预案。重大活动主办方对应急预案编制工作的重视度逐步提高，预案的编制也越来越全面、专业。

据初步统计，全国累计编制的应急预案已经超过550万件。应急预案编制呈现如下趋势：一是逐步深入企业、乡镇、社区、学校、医院和家庭，延伸到社会的每一个基层单元。例如，广西贺州针对该市地势复杂、灾害繁多的特点，按不同区域、不同情况和现实需求分别建立了不同灾害种类的应急预案，目前，乡（镇）、村两级已建立《洪涝灾害应急预案》38个、《山体滑坡应急预案》19个、《干旱应急预案》9个、《山洪暴发应急预案》14个、《地陷应急预案》7个。二是应急预案的覆盖领域不断扩展。目前，我国在食品安全、海上搜救、气象应急、化学伤害、信息安全等诸多领域均编制了应急预案，并在全国范围内形成体系。三是应急预案编制被越来越多的政府部门及企事业单位当做突发事件应急管理中的基础性工作。

二、各地区、部门预案体系基本建成并实施动态维护

目前，各地区都分别制定了总体应急预案，并以总体预案为核心，建立起专项保障和部门预案及各地区（区县）预案为依托、单位预案为基础的应急预案体系。例如，在北京，截至2011年，全市共制定各级各类应急预案48.1万个。在陕西，截至2011年，全省各级共编制各类应急预案12万余个。又如，公安消防部队已制定各类应急预案58 987个，其中省级预案638个、市级预案10 981个、县级预案47 368个。卫生部则在国家层面建立起2个国家专项预案、多个不同种类卫生应急单项预案、若干个卫生应急技术方案和工作指南的部级预案框架；在地方，各地结合实际制定了相应的地方卫生应急预案和方案。整体上，全国各地初步形成了“横向到边、纵向到底、上下呼应、门类齐全”的应急管理预案体系。

在此基础上，各地还积极探索，形成了一整套行之有效的预案管理办法和动态维护工作内容，见表3-4。

表 3-4 典型地方与部门预案管理办法与动态维护工作（示例）

地方与部门	管理办法与动态维护工作	
北京	《应急预案管理暂行办法》（2006 年）	规范指导全市应急预案体系建设工作
	《市级专项应急预案修订指导意见》（2011 年）	强化突发事件应对流程和现场处置工作机制，增强预案的针对性与实操性
	《应急演练管理办法》及实施指南（2011 年）	开展应急演练年度规划编制与应急演练评估工作，统筹和强化应急演练的管理
广东	《广东省突发事件应急预案管理办法》（粤府办〔2008〕36 号）	加强应急预案体系的规范化建设。规范应急预案编制、审批、发布、备案、修订、宣教培训和演练等各个环节，确保各地、各有关单位相关应急预案的衔接
	推进应急预案库建设	提高应急预案信息化管理水平
	应急预案体系的社会化建设	加强组织编制省总体应急预案、专项应急预案操作手册，建立操作手册资料每月定期更新制度，以最简便的方式，有效解决突发事件发生后，应该“做什么”“谁来做”“怎么做”的问题
		全省各地、各有关单位通过编写预案明白卡、印制预案挂图等，以通俗易懂的方式，引导公众自救互救，正确参与应急救援
		从 2010 年开始，每年组织大学生及红十字会和应急志愿者等组成广东省应急知识宣讲团、文艺团，深入全省开展“百人百场”应急知识宣讲活动，重点介绍应急预案中有关措施和规定
	加强应急预案体系的实操化建设	各级、各有关单位每年定期组织开展大型实战模拟演练，特别是探索性举行“双盲”演练和依托应急平台体系进行桌面演练，实现了成本使用最小化、资源利用最优化、演练成效最大化
	加强应急预案体系的区域化建设	推动粤港、粤澳跨区域应急预案体系建设。联合制定了《粤港海上搜救合作应急预案》《粤港核应急预案》《粤澳海上搜救合作应急预案》《粤澳核应急预案》等一系列应急管理跨区域应急预案，并加强应急预案联合演练
陕西	《陕西省人民政府突发公共事件总体应急预案构架指南》（2005 年）	
	《陕西省人民政府有关部门和单位制定和修订突发公共事件应急预案框架指南》（2005 年）	
	《陕西省突发事件应急预案管理暂行办法》（2009 年）	规范了应急预案的编制、评审、发布、备案、培训、演练和修订等工作
	预案演练	组织对 28 个省级专项应急预案进行了两轮演练
公安消防部队	完善预案编制模式	通过开展重大危险源调查评估，科学研判辖区灾害事故特点规律，针对不同类型灾害事故处置需要，完善预案编制模式，依托信息化平台建立了灭火救援预案系统
	制定跨区域灭火救援和反恐处突应急预案	着眼于防控重特大灾害事故需要，在全国划分东北、华北、华东等 8 个应急救援协作区，分别制定跨区域灭火救援和反恐处突应急预案，强化区域协同联动
	预案演练	针对重特大地震灾害，制定了一次性调集 30 000 名、20 000 名、10 000 名、5 000 名公安消防部队兵力的跨区域地震救援应急预案，并分级组织开展了实战演练

三、应急预案体系实用性、完备性、操作性建设面临的挑战

1. 体系定位：是行政程序，还是指导原则

整个预案体系究竟应该是应急工作中的行政程序还是指导原则，目前针对这一定位问题各个预案制定与执行方还都不够明确。有人认为，应当把预案进一步细化并进行演练，这样才能使预案体系在突发事件来临时真正发挥作用。但对预案中行政程序的细化与发展是能够真正有效地促进巨灾的应对效率，还是会对非程序化的决策带来束缚与困扰，仍值得商榷。

2. 制定过程：模仿抄袭影响了可操作性

目前，在许多地方和部门中，预案的制定过程就是一个互相抄袭的过程，并没有通过对实践和演练进行严格分析与研究，按照总结的经验与教训进行制定，因此，许多预案并不具有实际的指导意义。由此可见，当突发事件真的发生时，应急管理工作就很难真正地依照预案去执行。

3. 预案内容：存在针对性、预见性、实用性和可操作性不足等问题

目前，大多数预案在全流程应急管理的各环节上主要聚焦在应急处置上，需要向监测与预警工作前移，对于应急准备这个环节并没有引起足够重视。同时，许多预案都缺乏针对性、预见性、实用性和可操作性：其一，对于一些关键要素，如预案启动的主体、时机等，目前大多数情况下都还没有明确的规定和标准。2008 年雨雪冰冻灾害和汶川地震的应对过程中，由于缺乏明确的规定，所以没能明确启动原有预案，使预案没有在第一时间内发挥作用。其二，对于一些可预见的情况，如次生、衍生灾害等问题，在许多预案中也没能明确体现出来，缺乏针对性。2008 年的雨雪冰冻灾害，由于对类似于雨雪冰冻灾害这种从单灾种演变成多灾种、从自然灾害次生出其他灾害类型的巨灾系统，缺乏“预见性”和相应专项应急预案，从而预案体系中出现了“盲点”。因此，当中国气象局于当年的 1 月 8 日第一次发出“暴雪橙色预警”时，并没有引起各相关部门的足够重视。其三，对于预案的实用性和有效性问题，需要指出的是，预案必须实用、管用、好用，要让参加应对的指挥员和有关人员事前、事发、事中、事后知道怎么做，何时做，做什么，用什么资源做，否则会贻误时机，耽误事情。

4. 体系衔接：实现无缝衔接的战略转移

无缝衔接的问题主要体现在两个方面：第一，在整个预案体系中，在某些关键层级或节点上还存在着预案缺失的问题，从而导致预案体系衔接的断点。我国的国情是“高风险的城市，不设防的农村”，应急预案真正进社区、进学校、进厂矿、进农村、进每一个基层单位还有很大差距。因此，要在全国建立健全一个“横向到边、纵向到底”的全方位应急预案体系，完成纵横网络的有效衔接，从而大力提高

基层应对灾害的能力还尚待时日。第二，不同层级政府、不同部门的预案之间关系不明确，甚至有国家专项和部门预案之间本身就互有矛盾，这就影响了预案之间的高效衔接，也导致各部门、各地以及条块之间缺乏有效、及时的沟通。2008 年的雨雪冰冻灾害中，尽管当时的预案体系中，国家有关专项预案和有关部门预案中都有防范应对雨雪、冰冻等内容，但是南方各地由于缺乏应对雨雪冰冻灾害经验，且灾害超出各省级人民政府处置能力、波及 19 个省（自治区、直辖市），江南有些省在专注“两会”，没有及时请求人民解放军和武警部队支持与协助，国家总体应急预案启动的时间也有点晚等种种问题，导致预案间、条块间缺乏高效互动。

5. 对于大灾、巨灾和危机，缺乏预案准备

具有破坏性和高度复杂性特点的特别重大突发事件，由于其风险极大、后果严重，所以许多国家或地区都将其作为安全的最主要威胁加以研究和应对。近年来，最重要的措施之一就是通过构建以“愿景—情景—任务—能力”为核心的国家应急准备体系，亦即通过构建国家重大突发事件情景，研究重大突发事件情景可能出现的一般性过程、后果和基本应对策略与具体任务，开展统一的应急准备工作，进一步完善应急管理规划，从而为应急预案制定和应急培训演练提供具有高度一致性和良好可行性的指导。

◈ 拓展阅读

我国总体预案实施过程中暴露的问题

2004 年，我国总体预案发布，引导了“一案三制”应急体系的逐步完善，成功应对和处置了一系列重特大突发事件，但是伴随社会发展进步，逐步暴露了既有总体预案仍然存在的一些不足与缺陷。2008 年，在国务院应急管理办公室的领导与部署下，一行专家开展了关于修改完善总体预案的调研工作，现对调研工作中发现的三点重要问题给予说明。

（1）预案的权威性、可操作性亟待加强。在党委领导、政府负责的应急体制下，预案仅仅由政府发布实施的权威性是不够的，应当明确建立健全以事发地党委和政府为主，有关部门和相关地区协调配合的领导责任制。预案的可操作性不强主要表现在：一是对一些特别重大突发事件发生时的通信、交通、能源等保障条件往往不是从最复杂、最严峻、最困难来设想的；二是对跨地区、跨部门的统一指挥和协调问题缺乏明确表述；三是分级标准不够完善，特别是应当由国务院各主管部门制定的较大和一般突发事件分级标准至今还未出台；四是应急预案启动条件不够明确、详细，特别是一些基层预案，对启动条件、部门职责等核心内容没有准确表述；五是对预案演练的要求不明确，应急演练特别是综合性的、合

成性的演练不够，以致相关领导和工作人员对应急的运作程序不够熟悉，涉及多部门的协调联动难以奏效。

（2）应急体制、机制有待完善。各地普遍反映《突发事件应对法》缺乏明确的执法主体，应急机构建设普遍存在着规格低、编制少、应急资金不足等问题，应急平台等硬件没有建立或不能满足实际需求，制约了应急指挥中的综合协调、信息沟通和运转枢纽作用。应急机制上的主要问题：一是存在多头指挥现象，属地管理与垂直管理的协调性有待加强，军地协调机制不够健全有效；二是信息沟通和发布机制不成熟，信息发布的内容和口径不一，与媒体的沟通、对公众的宣传引导和网络舆情管理等未引起足够重视；三是社会力量动员机制不够完善，包括企业和社会组织的动员和奖惩、志愿者的动员、管理和培训等。

（3）应急保障能力和措施不足。一是专业应急救援队伍的编制、业务素质、技术手段、装备水平等方面难以满足实际需要；二是应急物资、生活必需品和应急处置装备的储备不足，应急物资的监管、生产、储备、调拨和紧急配送体系不够健全；三是信息通信和道路交通保障、空中救援和运输等能力不足，影响对灾情的准确评估和科学决策，影响对偏远地区和常规交通难以抵达地区的救援；四是缺乏应急资金保障，缺乏征用交通工具、通信工具、应急物资等应急资源的补偿标准和对遇难人员的抚恤标准；五是应急理念和知识的宣传教育不够，群众缺乏忧患意识、逃灾避灾知识和自救、互救能力。

——摘自《关于修改完善〈国家突发公共事件总体应急预案〉和加强应急管理工作的调研报告》

第七节　科技与信息化提供了有效支撑，科技创新与应急产业亟待加强

近年来，面对各类突发事件，从非典到甲型 H1N1 禽流感，从 2008 年南方雨雪冰冻灾害到“5·12”汶川特大地震，科技支撑与信息化工作都发挥了重要的抵御灾害作用。我国也越来越重视加强应急管理科技研究和应用，发展应急产业，并正在构建应急管理科技创新体系，为应急管理工作提供强有力的科技保障和产业支撑。

一、国家凸显科技支撑对应急管理的重要战略作用

2010 年，胡锦涛同志在“两院”大会上讲话，鲜明提出“大力发展国家安全和公共安全科学技术”。实践表明，科技在应急管理领域的引入，对灾害的预防、应对和修复各环节都起到了减少损失、提高效率和节约成本的功效。我国的

应急管理越来越依靠科技，逐步实现由被动应付型向主动保障型、从传统经验型向现代科技管理型的战略转变，先进的科技手段、方法和理念正日益深入到应急管理的各个方面。

《突发事件应对法》第 36 条指出："国家鼓励、扶持具备相应条件的教学科研机构培养应急管理专门人才，鼓励、扶持教学科研机构和有关企业研究开发用于突发事件预防、监测、预警、应急处置与救援的新技术、新设备和新工具。"

《国家突发公共事件总体应急预案》中也指出："要积极开展公共安全领域的科学研究；加大公共安全监测、预测、预警、预防和应急处置技术研发的投入，不断改进技术装备，建立健全公共安全应急技术平台，提高我国公共安全科技水平；注意发挥企业在公共安全领域的研发作用。"

《国家中长期科学和技术发展规划纲要（2006—2020 年）》首次将公共安全列为中国未来科技发展的重点领域，其中应急管理是公共安全的核心问题。《公共安全中长期科技发展规划战略研究报告》中指出：实施"科教兴国"战略是中国公共安全工作的必由之路，实现公共安全应急管理与技术的持续创新，是实现公共安全应急保障的重要支撑。公共安全科技是应急管理的坚实基础，完善基础科学研究是进行高效应急管理的重要内容。"十二五"规划明确提出适应公共安全形势变化的新特点，推动建立主动防控与应急处置相结合、传统方法与现代手段相结合的公共安全体系。

二、重大事故应急管理科学研究及应用有长足进步

国家在突发事件应急的技术攻关、应用研究和体系建设方面已设置了相应的规划项目进行支持。国务院关于《"十一五"期间国家突发公共事件应急体系建设规划》及《国家综合减灾"十一五"规划》等规划的诸多项目和工程的成功实施，包括国家突发事件预警信息发布系统建设，国家应急平台体系建设，国家陆地搜寻与救护基地建设，国家核生化应急救援基地建设，国家应急物资保障系统建设，国家空中紧急运输服务基地建设，国家公用应急卫星通信网络扩建，国家应急管理技术支撑机构建设，国家应急管理人员培训基地建设和城市、社区、乡村综合应急管理示范工程建设等。科技部"十一五"科技支撑计划已设立重大项目"国家应急平台体系关键技术研究与应用示范"，重点支持应急管理的关键技术攻关和应用研究。国家批准了"十一五"期间"国家突发事件应急体系建设规划"，支持开展国家突发事件应急体系建设，明确要求通过政府科技计划、基金等对应急管理基础理论和关键技术的研究开发给予支持。

《国家自然科学基金"十一五"发展规划》将"社会系统与重大工程系统的危机灾害控制"作为优先发展领域。针对国家应急管理的重大战略需求和应急管理重大科学前沿中的基础科学问题，国家自然科学基金委员会于 2009 年启动

"非常规突发事件应急管理研究"重大研究计划，截至 2011 年，立项总经费 6700 万元，见表 3-5。

表 3-5 国家自然科学基金"非常规突发事件应急管理研究"立项经费表

年度	培育项目		重点支持项目		集成项目		年度检查为"优"追加经费	
	项目数/个	经费/万元	项目数/个	经费/万元	项目数/个	经费/万元	项目数/个	经费/万元
2009	30	1100	4	600	3	2400		
2010	22	770	7	1050			6	
2011			4	720				90
总计	52	1870	15	2370	3	2400	6	90

该计划以非常规突发事件应急管理为研究对象，充分发挥管理科学、信息科学、心理科学等多学科合作研究的优势，着重研究非常规突发事件的信息处理与演化规律建模、非常规突发事件的应急决策理论、紧急状态下个体和群体的心理反应与行为规律（表 3-6），并利用三个集成升华平台集成相关研究成果(表 3-7)。其指导思想是：遵循"有限目标、稳定支持、集成升华、跨越发展"的总体思路，围绕应急管理中的重大战略领域或方向开展创新性研究，进一步加强顶层设计，着力凝练科学目标，积极促进学科交叉，培养创新人才，加强若干关键问题的深入研究和集成，实现应急管理若干重点领域和重要方向的跨越发展，提升我国应急管理基础研究原始创新能力，为我国应急管理实践提供科学支撑。

表 3-6 国家自然科学基金"非常规突发事件应急管理研究"培育项目和重点支持项目（单位：个）

核心科学问题	培育项目	重点支持项目	研究内容
非常规突发事件的信息处理与演化规律建模	13	3	计算实验、数据挖掘、信息传播与演化、仿真与模拟技术、技术集成、情景推演与测算
非常规突发事件的应急决策理论	28	7	决策方法和理论、灾害动力学、应急准备体系、预案体系、社会动员机制、法制保障、信息备灾体系
紧急状态下个体和群体的心理反应与行为规律	11	5	心理规律、群体心理、心理干预、风险沟通策略
总计	52	15	

表 3-7 国家自然科学基金"非常规突发事件应急管理研究"集成项目

项目名称	承担单位	立项年份
基于平行应急管理的非常规突发事件动态仿真与计算实验集成升华平台	中国人民解放军国防科技大学	2011
突发事件应急准备与应急预案体系研究	中国安全生产科学研究院	2011

续表

项目名称	承担单位	立项年份
基于“情景—应对”的国家应急平台体系基础科学问题集成升华研究	清华大学	2011
非常规突发事件应急管理基础科学问题与“情景—应对”型总集成升华平台研究		2012

三、部分领域应急科技研究逐步扩展并有初步成果

（1）自然灾害监测与预警体系初步形成。在灾害监测与预警方面，初步建立了自然灾害（地震、台风、洪水、干旱、风沙、滑坡与泥石流、海啸等）监测体系，相继建立了气象卫星、海洋卫星、资源卫星等观测系统，在卫星遥感的处理、信息提取、影像图制作技术和软件开发方面有了较大发展。

（2）科研工作取得较大突破。目前我国许多高校和科研院所已成立了一批应急技术与管理研究机构，针对检测监控和预测预警技术、辅助决策和模拟仿真技术、重大和特别重大突发事件应急处置与救援技术、应急技术标准化、应急管理与应急法制等方面开展科技研究。

四、应急管理科技支撑体系建设与信息化发展的挑战

1. 公共安全和应急管理的科技支撑体系刚刚建立，基础研究有待进一步夯实

我国没有从整体层面上进行系统的公共安全和应急管理科技研究，还没有形成公共安全理论和技术框架，更缺乏完善的国家公共安全体系，各相关领域研究处于条块分割状态。这主要包括：①缺乏总体上对公共安全问题相关领域的共性和关键性科技问题进行的研究。②对应急管理的内涵、外延、专业术语、理论基础等基础理论研究还不够扎实。③四大类突发事件的分类、分级及其关系问题等还较为混乱。④对事件、事故、灾害的发生机理、识别理论与技术，评价指标体系、危险源的在线监测（探测）监控理论及技术，风险分析技术，灾害防治理论与技术，预测、预报与预警技术，应急处理技术，以及决策支持技术及安全标准、法规等方面缺乏系统研究。⑤公共安全和应急管理实验条件差，设备落后。目前，我国尚未建立公共安全领域内分布较为合理的专业实验室、实验基地、检测与评价中心等。与先进国家比较，我国的实验条件还普遍较差，设备或装备普遍落后，不能有效支撑公共安全技术及装备的自主开发。

2. 公共安全科技创新意识淡薄、专门人才严重不足、公众安全教育缺乏

这主要体现在：①我国公众安全科技创新意识淡薄，对于公共安全科技的主导作用缺乏全面认识，一些部门习惯用传统的行政手段来解决日趋复杂、严重的公共安全问题。②公共安全与应急管理的学科建设需要培养复合型、交叉型的专

门人才，然而，我国缺乏相应的人才培养体系，专门人才严重不足。③在公众教育领域缺乏系统研究与培训，如心理学、行为学的研究比较贫乏，当重大公共安全问题发生时，民众和社会抵御能力弱，非常容易造成社会动荡。

3. 在公共安全科技经费投入方面严重不足

公共安全科技工作作为社会公益型为主的事业，其投入应以政府为主。近年来，我国政府尽管已经加大了公共安全科技经费的投入，但与实际需求相比，还存在较大距离。而且企业的科研投入也非常有限，不能解决制约安全领域的基础性、关键性科技问题。

4. 缺乏相关的政策、法律、法规等支撑条件

目前应急管理法律之间相对分散、不够统一，难免出现法律规范之间的冲突。而且各部门都是针对自己所负责的事项进行规定，缺乏沟通和协作，影响了处理突发事件的协作与合力，使公共安全科技的发展缺乏有力的外部支撑条件，影响应急管理技术工作的成效。

5. 应急产业的建设与发展相对滞后

目前，我国应急产业发展中存在概念界定不清、关键应急装备发展缓慢、应急产业政策滞后、应急产品市场不成熟、巨灾保险制度不健全等问题，这都使得应急产业的培育和发展成为我国应急体系建设中的短板。然而，应急产业的发展对于加强应急管理、促进科学技术发展和调整我国产业结构发挥着重要的作用，因此，大力发展应急产业势在必行。

第八节　全民公共安全要求显著提升，全社会安全文化建设亟待推进

文化具有四个特征，一是可以传承，二是渗透各方，三是共同认可，四是现实需要。整体来看，我国安全文化建设正朝着健康、广泛、深入、务实的方向发展，特别在宣传、教育的观念和方法上，出现了某些创新：在落实“安全第一，预防为主”的方针上，预防事故方面，坚持两手抓；通过弘扬和倡导安全文化的途径，提高全民的安全意识、科学思维能力，规范安全行为；拓展了安全领域，从安全生产、安全生活、安全生存领域，到凡有人生存和活动的地方都要抓好安全，预防事故发生；把安全文化看成是珍惜生命、关爱人民、尊重人权的大众安全文化；全民安全文化素质的极大提高，才能真正实现安全生产、国民经济持续发展、社会稳定、人民安居乐业等。这些创新观点和理念已成为当代中国安全文化建设的新动力、新源泉。但在我国安全文化建设的过程中，还存在着以下问题亟待解决。

（1）政府与社会的风险与危机意识普遍淡薄，认识不到社会转型时期各类潜

在危机爆发的普遍性和危险性，这是目前我国安全文化建设的一个深层次和根本性的问题。无论是日本“3·11”地震对我国公众的影响，还是上海“11·15”静安区火灾的惨痛后果，都暴露了我国公众的公共安全素质水平较低，在应急意识、风险感知和应急处置方面都存在明显的脆弱性。这样就容易导致社会上缺少风险防范与预警机制，客观上造成了对一些明显可能成为突发事件的问题缺少事先详细的预警分析，从而使得应急管理往往是撞击式的被动反应模式。

（2）公民的安全素质是灾害应对的重要基础，目前我国全民防灾意识、知识与能力的教育与培训比较薄弱，全民应急文化素质教育亟待加强。在汶川地震中的桑枣中学和云南地震中的毛坪中心小学，分别有2000多名学生和1000多名学生在两三分钟之内全部撤离到操场，没有一个伤亡，能做到这一点，没有平时的训练和教育是达不到的。近年来，政府和有关部门在全民防灾意识教育，普及灾害自救与互救常识方面做了大量工作，但有待进一步加强。目前，我国每年因“三违”（违章指挥、违章作业、违反劳动纪律）造成的事故灾难惊人；每年因遇险人员无知在灾害和事故中造成不应有的伤亡数量也很惊人。广大群众的个人生活、行为习惯和自救互救能力与防灾减灾的要求相距甚远，普及灾害自救与互救常识方面亟待加强。因此，应让应急管理文化素质教育进学校、进社区、进企业、进家庭，加强平时的训练，使之成为人们生活的习惯、生存的能力。

（3）各级领导干部和应急管理人员的综合素质与应急处突能力亟待加强。这几年干部队伍中新老交替的速度加快，一大批中青年干部走上了中高层领导岗位，他们缺乏对突发事件的阅历和经历。要提高各级领导干部应对突发事件的研判力、决策力、掌控力、协调力和舆论引导力显得尤为迫切和重要。既要从严管理干部，治“庸、懒、散”官，又要在党校和干部行政学院加强应急管理的培养和实训。同时，各级组织、纪检、行政监察部门要加强对干部应急处突能力的考察、监督及责任追究。

（4）缺乏对安全文化的基础理论研究与整体建设的规划。这主要包括：①从安全文化的范畴来看，安全观念文化、安全行为文化、安全管理（制度）文化和安全物态文化等内容的研究缺乏深入与系统的研究。②从安全文化的对象来看，针对社会一般的大众、公民、学生、官员等不同对象，所要求的安全文化内涵、层次、水平等安全文化素质的内容与分类缺失。③从安全文化建设来看，我国还缺乏通过规范管理、行为管理、加强培训等用以切实提高全民安全文化的有效且具有可操作性的途径。

第四章

国外应急体系建设经验和启示

第一节　美国应急管理体系建设情况及经验

美国应急管理体系虽然发展时间不长，但经过在实践中的不断调整和完善，目前已经发展成为“得到最广泛承认、装备最好、经济基础最雄厚的紧急事态管理制度”，成为世界各国争相效仿的模板。美国的应急管理体系具有强大的动态学习能力，每一次重大突发事件的经验总结和学习都会带来应急管理体系的突破性发展，实践中表现出来的不足之处也能及时得到纠正和调整。美国应急管理体系发展和完善的历程为世界各国的应急管理实践提供了宝贵经验。

一、逐步形成了全风险、全流程的综合应急管理理念

综合性应急管理是美国应急管理体系的突出特点，但是美国认识和坚持这一理念的道路并不是一帆风顺的，而是经历了一个曲折的探索过程，表现为应急管理主要机构的职能分合交替，经历了多次重大调整，才最终确立了综合应急管理的根本理念。

美国的应急管理体系建设发端于城市和森林火灾的防范，在早期的建设中以单灾种、单部门应对为主。但这种应对模式在实践中表现出政出多门、沟通不畅、协调不力等弊端。以 1979 年美国成立联邦应急管理署（Federal Emergency Management，FEMA）为标志，美国的应急管理逐步走向“综合性应急管理”的模式：一是应急管理的对象由单灾种向多灾种转变。FEMA 将各下属机构协调起来以应对自然灾害、技术事故和人为灾害等不同类型的突发事件，实现对从较小的、单一的灾害到战争这个最为危险的事件所有层次突发事件的“全危险要素管理”（all-hazards management）。二是应急管理的过程由过去侧重事中和事

后向事前、事发、事中、事后全过程转变。FEMA 无论应对何种突发事件，都要经过减缓、准备、响应与恢复四个阶段，实现“全阶段管理”（all-phases management）。此时的 FEMA 具有灾害应对和防范核打击双重职能。通过此次变革，美国产生一个内阁级的联邦应急管理专门机构，推出了综合性应急管理新模式，并逐渐改变了冷战时期“民防主导应急”的局面，应急管理与民防并驾齐驱。

20 世纪 90 年代中期，全球恐怖主义出现抬头的趋势，美国国内恐怖袭击不断（如 1993 年世界贸易中心首次遭受恐怖主义袭击、1995 年俄克拉何马州政府发生炸弹爆炸事件）。为此，美国加强了应对核、生化恐怖袭击方面的力量，应急管理资源开始在防范民事灾害和恐怖主义之间进行分配。美国政府在平衡各方利益的基础上，决定将反恐与救灾体系进行分离。2001 年美国发生“9·11”恐怖袭击，恐怖分子对美国本土的威胁上升到中心地位，这也使得 FEMA 集中关注于国家反恐和国土安全。FEMA 与新组建的国家安全办公室联合工作，同时 FEMA 下设的专门机构也承担着大规模杀伤性武器的防控工作。2003 年 3 月 1 日，FEMA 与美国其他 22 个联邦局、项目和办公室一起成为国土安全部（Department of Homeland Security，DHS）的组成部分。国土安全部负责应对从自然灾害到人为事故在内威胁国土安全的各种形式和类型的突发事件。国土安全部成立后，FEMA 开始从一个独立的联邦机构成为国土安全部下设的一个局，同时 FEMA 也是国土安全部的四个主要分支机构之一。FEMA 被并入国土安全部，在一定程度上意味着 FEMA 的职能被削弱，这标志着美国的国家应急管理工作重心开始向重反恐、轻救灾转变。

2005 年 8 月袭击南部墨西哥湾沿岸的卡特里娜（Katrina）飓风，是对美国国土安全体制下应急管理能力的一次全方位检验。此次飓风共造成 1600 多人丧生，成为美国历史上最严重的自然灾难之一。布什政府在飓风来袭时应急反应迟缓、救灾不力，受到民众指责。

◇ 拓展阅读

“我们现在必须将《国家应急准备指南》转变成各级政府的计划、程序、政策、培训和能力，构建强健的应急准备体系。应急准备体系还必须有私营机构、非政府组织、不同信仰团体和市民的参与。”

——《卡特里娜飓风应急响应的教训》，2006 年 2 月

卡特里娜飓风也暴露出美国在应急管理过程中部门协调不畅、重反恐轻救灾等诸多问题，美国公众为此强烈呼吁对国土安全体制下的应急管理进行反思和改

革，美国也试图在国土安全部制度框架之下改革和完善 FEMA。从 2007 年 3 月 31 日起，FEMA 开始建立一个基于风险的系统（risk-based system)，反恐与减灾并重，降低公众所面对的各种危险，减少生命与财产损失。

◇ 拓展阅读

美国《国家应急准备指南》(2007 年）概要

国家应急准备架构包含了预防、保护、响应和恢复全过程的努力，以使国家为所有灾害做好准备——无论是恐怖袭击还是自然灾害。

2003 年 12 月 17 日发布的国土安全总统指令-8（HSPD-8）（“国家应急准备”）指示国土安全部部长制定一个针对国内所有灾害的应急准备国家目标。作为这一努力的一部分，2005 年 3 月国土安全部发布了国家应急准备暂行目标。《国家应急准备指南》的发布，完成了国家目标和相关准备工具的开发。

《国家应急准备指南》包括同时在网上公布的支持文件《目标能力清单》，取代了国家应急准备暂行目标，并确定了国家为所有灾害做好应急准备的含义。该指南包括四个关键要素。

(1) 应急准备愿景：提供了对国家核心应急准备目标的一个简明陈述。

(2) 国家应急规划情景：描绘了包括恐怖袭击和自然灾害的高后果性威胁情景的一个多样性集合。总的来说，15 个情景旨在聚焦各级政府会同私营部门为国土安全应急准备的应急规划工作。这些情景构成了为所有灾害做好应急准备的基础。

(3) 通用任务清单：是一组包括 1600 项独特任务的清单（译者说明：2005 年版提出了 1600 项任务，2007 年修改后增加到 4800 项），这些任务可以促进对以国家应急规划情景为代表的重大事故的预防、保护、响应和恢复努力。它提供了一个共同的术语，并识别了重点任务，以支持在各级组织中发展关键的能力。当然，没有任何单位能够完成全部任务。

(4) 目标能力清单：定义了为有效应对各类灾害，社区、私营部门和各级政府应该共同拥有的 37 项特定的能力。

该指南强化了应急准备是共同的责任这一事实。它的编制经过了一个广泛的过程，涉及 1500 多位联邦、州和地方的官员及 120 多个全国性的协会。它们还吸纳了卡特里娜飓风后总结的经验教训和 2006 年对州与主要城市应急操作预案和疏散预案进行评估的结果。

保护美国需要持续不断的警惕和创新。《国家应急准备指南》将规范和支持未来数月和数年的应急准备活动，当各级政府会同私营部门不断加强应急准备时，它们也将随着国家不断成长和发展。

——美国《国家应急准备指南》(2007 年) 概要

美国应急管理实践表明，覆盖全风险、全流程的综合应急管理模式更加符合应对突发事件的基本规律，是在建立和发展应急管理理念中应该坚持的基本原则之一。

二、建立了权威、高效的应急管理体制

按照美国宪法的规定，总统是应对大规模灾害的综合协调和决策指挥的最高领导。美国国家安全委员会（National Security Council，NSC）和国土安全委员会（Homeland Security Council，HSC）负责为总统提供各种国家安全、国土安全战略和政策建议，确保联邦政府的不同部门和机构联合行动。

国家安全委员会是根据 1947 年《国家安全法》而设立的，并于 1949 年改革成为直属总统领导的白宫独立办事机构，是美国国家安全问题的最高决策机构。作为总统顾问机构，国家安全委员会统一考虑涉及美国国家安全的内政、外交和军事政策。该委员会由总统亲自挂帅，通常成员（法定成员和非法定成员）包括副总统、国务卿、财政部部长、国防部部长以及总统国家安全事务助理。

国土安全委员会由小布什政府新设，就国土安全和反恐政策向总统提供建议。2001 年“9·11”事件后，小布什总统为应对恐怖袭击，将国土安全从国家安全中单列开来，设立平行于国家安全系统的国土安全系统。国土安全系统包括国防部、国务院、农业部、卫生医疗和公众服务部、内政部以及其他一些部门等众多机构。国土安全委员会直接对总统负责，成员除总统外还包括副总统、国土安全部部长、财政部部长、国防部部长、司法部部长、卫生与公众健康部部长、交通部部长、国家情报总监、联邦调查局局长、总统国土安全与反恐顾问。

为开展常规性的各种跨部门政策协调工作，美国国土安全委员会和国家安全委员会建立了两个助理部长级的政策协调委员会，以便两个机构的高层能经常召开联席会议。国内准备小组（Domestic Readiness Group，DRG）是一个负责有关应急准备、响应和实践处置政策的跨部门协调机构。该小组通过评估应急管理过程中（包括突发事件发生后）各种跨部门的政策问题，及时为决策者提供政策建议。反恐安全小组（Counterterrorism Security Group，CSG）是一个负责制定预防恐怖主义政策，进行反恐方面综合协调的跨部门机构。

美国应急管理机构由于行政级别较高，直接对总统负责，并拥有独立的资源体系，因此在应对突发事件的综合协调和指挥应对中发挥了重要作用。

三、注重发挥地方政府在应急管理中的作用

经过多年的改进和加强，美国目前已基本建立起一个由联邦、州、郡、市四

级政府以及社区等基层单位共同构成的职责分工明确、协调配合有力的应急管理组织体系，比较全面地覆盖了美国本土和各个领域的突发事件。

作为联邦制国家，美国实施属地管理、分级响应的原则，各个层级的政府和基层单位建立相应的组织机构。在以州为主、属地管理的原则下，根据突发事件的危害和损失大小，美国启动响应的应急响应程序，上级政府为下一级政府提供必要的支援和指导。2008 年 12 月，美国进一步修订和完善了国家突发事件管理系统（National Incident Management System，NIMS），根据事件的影响范围、严重程度、复杂性等，国家突发事件管理系统将突发事件分为五级，第五级为最轻微的事件，第一级为最严重的事件。第五级和第四级突发事件影响范围为市县，由当地政府（市和县等）负责；第三级突发事件影响范围为州一级或者大城市，由州政府指挥协调处置；第二级和第一级突发事件影响范围为州一级或者国家层面，由州和/或联邦政府协同处置。由于美国实行联邦制，当突发事件发生后，应急行动的指挥权通常属于当地政府，仅在地方政府提出援助请求时，上级政府才调用相应资源予以增援，并不接替当地政府对这些资源的处置和指挥权限，但上一级政府有权在事后对这些资源所涉及的资金使用情况进行审计。

◇ 拓展阅读

国家突发事件管理系统简介

在 2003 年 2 月 28 日，美国总统发布了国土安全总统令（HSPD）-5 号，要求国土安全部部长制定国家突发事件管理系统。根据 HSPD-5 号令：

为提高工作效果与效率，该系统为联邦、州和地方政府提供持续支持，包括事故准备、响应、恢复全过程，无论事故原因、大小或复杂性，使联邦、州和地方相关机构能相容与合作，国家突发事件管理系统包括一套核心的概念、原则、术语和技术，包括事故指挥系统，多机构协调系统，联合指挥系统，培训，资源分析与管理（包括资源分类），资格认定与证明，事故信息与事故来源的收集、跟踪与报告。

在地方，大多数事故的日常管理通常只由个别部门来承担，但是有些事故成功的管理有赖于多机构的参与、各功能机构及应急响应部门的参与。这就要求对各机构及其行动进行迅速而有效的协调。它系统地将现有的各种方法与程序整合成统一的国家事故管理框架。该框架为各部门合作奠定了基础，同时又反过来促进各类公共与私人组织整合事故管理，提高事故响应行动能力，制定一系列广泛适用于国家突发事件管理系统使用者的概念、原则、程序、组织方法、术语和标准要求。

——摘自《国家突发事件管理系统》

美国各州具有独立的立法权与相应的行政权，一般都设有专门机构负责本州的应急管理事务，具体做法不尽相同。例如，加利福尼亚州通过实施标准应急管理系统，在全州构建出5个级别的应急组织层次，分别为州、地区、郡、地方和现场。其中，州一级负责应急管理的机构为州应急服务办公室，主任及副主任由州长任命。州应急服务办公室又将全加利福尼亚州58个郡划分为3个行政地区；同时，为了通过互助系统共享资源，又将全加利福尼亚州划分出6个互助区，将员工分派到不同行政区办公，以便协调全州6个互助区的应急管理工作。郡一级机构主要是作为该郡所有地方政府应急信息的节点单位和互助提供单位；地方一级主要是指由市政府负责管理和协调该辖区内的所有应急响应和灾后恢复活动；现场一级主要是指由一些应急响应组织对本辖区事发现场应急资源和响应活动的指挥控制。事实上，加利福尼亚州地区一级的应急管理工作仍是由州政府机构负责，而郡一级的应急管理工作则需要依托该辖区内实力较强的地方政府（如旧金山县依托旧金山市，洛杉矶县依托洛杉矶市）。总体而言，美国地方政府在应对一般性突发事件的过程中发挥了主体性的作用。

四、应急预案逐步发展为全面性的国家应急框架

美国应急预案体系的发展完善经历了《联邦应急预案》（Federal Response Plan，FRP）、《国家应急预案》（National Response Plan，NRP）和《国家应急框架》（National Response Framework，NRF）。在每一个阶段中，应急预案的设计都将预案的针对性和可操作性摆在首位，并逐步形成了国家层面的综合应对、相互支撑的全面性预案框架，保障了预案在应对突发事件中的实际效果。

1992年4月，美国颁布《联邦应急预案》，规定总统负责宣告紧急状态并决定投入联邦资源协助救灾后，指派联邦协调官并由其带领应急小组投入救灾工作。《联邦应急预案》将灾害应急反应分为12个领域，每个领域有相关部门单位执行专业的任务分配，由美国红十字会以及美国联邦政府27个不同部门、单位共同组成。《联邦应急预案》明确规定了在各种情况下，联邦政府中个别对应的部门、单位必须采取的作为，各司其职，并且在彼此相异的紧急救助功能部门范围内指派一个单位担任指导，统筹协调该领域的整体应急过程，通过调动联邦政府的资源来有效弥补州和地方政府应急能力的不足。

2001年“9·11”事件发生后，小布什总统2002年签署《国土安全法令》，设立国土安全部，要求国土安全部建构国家突发事件管理系统、制定新的国家应急预案。2004年11月，国土安全部完成并颁布新的《国家应急预案》。《国家应急预案》全书430页，适用于国内所有灾害和紧急事件。

《国家应急预案》把美国应急管理由联邦层面上升到整个国家层面，强调以美国国土安全部为核心，将联邦各方面协调机构、职能机构和资源整合成多部门

统一、针对国内一切突发事件的应急管理体系。该预案最重要的特点在于第一次全面整合美国国内的预防、整备、处置及重建行动，将美国联邦各方面协调机构、职能机构和资源整合成统一的、多学科的、针对国内一切突发事件的应急管理体系，为美国应急管理的一元化跨出了重要的一步。《国家应急预案》的目标是通过确认包括联邦政府部门、军方、地方政府等所有政府层级、私人部门及民众在面对灾害与紧急情况时的顺利沟通，确保能顺利整合全国的共同力量来协助国土安全，充分反映了美国在应急管理方面的最新理念和最新管理框架。

2005 年卡特里娜飓风暴露了美国的应急管理体系在应对重大自然灾害方面所存在的诸多问题。为此，美国对《国家应急预案》进行了修订，并于 2008 年 1 月 22 日发布《国家应急框架》，其突出特点是将美国应急管理的覆盖范围从各级政府机构扩大到非政府组织、私人企业等。《国家应急响应框架》实际上是根据用于指导全国国土安全工作的《国家国土安全战略》制定的，主要功能是通过可扩展、自适应、柔性的协调结构来核定全国各层次应急机构和组织的角色、作用和责任，使它们联结成一个有机整体，进而起到指导全国上下有效应对从局部到全局的恐怖分子袭击或大规模的自然灾害等形形色色事故和灾难的作用。为实现这一目标，《国家应急框架》确立了应对突发事件的五项基本原则：建立合作伙伴关系；分级应对；灵活、可扩展、因地制宜的行动能力；统一命令和行动；随时做好行动准备。

◇ 拓展阅读

《国家应急响应框架》的演变

该框架是此前联邦计划反复修改的一个产物。对该框架历史的简要讨论，强调了框架的一些重要的组成部分，突出了对以往的国家响应计划的改进。比该框架早 15 年的是联邦响应计划（1992 年），其主要关注联邦政府的角色和责任。

“9·11”事件之后，旨在理解和执行一般突发事件管理和响应的原则并建立一般的计划制订框架的活动更紧迫地开展。2004 年的国家响应计划，是这些讨论的一个早期成果，它取代了联邦响应计划，在国土安全部成立一年后公布。

国家响应计划为将政府的所有层面整合进一个统一的突发事件管理框架奠定了全新的基础。这个计划中包括（为一些新法律和总统令所定义的联邦机构规定的）突发事件协调角色。卡特里娜飓风登陆后 9 个月（2006 年），联邦政府对国家响应计划进行了修订，修订版纳入了从该次飓风中得到的初步经验、教训。

利益相关者曾建议对国家响应计划做一些改变——包括结构和实质内容。他们批评道：初始的国家响应计划及其 2006 年修订版都带有官僚主义色彩和重复内容。

使用者们也曾提出，国家响应计划在其重点方面仍然不足以说是国家计划，即响应涉及各方的角色和责任理应说得更清楚。此外，国家响应计划及其支持文件显然并没有形成应急管理人员所理解的那种意义上的真正（可操作）的工作计划。国家响应计划的内容和其标题的含义不一致。

近几年，在全国基础上进行的针对具体类型突发事件的工作计划制订已经成熟。公立部门和私营部门都在做显著的国土安全投入，以加强国家的响应能力。

通过在标题中引入“框架”这个术语，该文件更准确地与其意欲达到的目的相一致。对一个突发事件进行有效的响应是各级政府、私营部门和非政府组织以及各个公民的共同责任，该框架使联邦政府承诺与地方政府、州政府以及私营部门等合作，完成针对《国家应急准备指南》中详细规定的那些突发事件情景的战略计划和行动计划。

——摘自《国家应急响应框架》

五、将应急法制作为应急管理工作的重要保障

美国的应急管理法制是同美国应急管理体系同步进行的，美国应急管理体系建设所取得的进展也主要体现在应急管理法制方面。因此，应急管理法制既是美国应急管理工作的主要依据和重要保障，同时也是美国应急管理工作的重要内容。

美国在应急管理方面已经形成了以联邦法、联邦条例、行政命令、规程和标准为主体的法律体系，涉及的范围既包括防灾减灾和应急处置等，也包括紧急状态宣布等。相应地，有关的立法也主要包括这几个方面。从效力等级看，最上位的是宪法；其次是综合性法律——《国家紧急状态法》；最后是各种单行法；此外，还有直接规范应急处置的应急预案和计划。

六、科技发展为应对突发事件提供了有力支撑

在技术支撑方面，美国也非常注重开发各种新技术、新设备装备，通过加强技术支持来提高应急管理的水平。美国应急管理方面的科技政策由国家科学技术委员会负责协调制定，该委员会是一个协调各部委的科研工作并负责制定科技政策的内阁级委员会。该委员会的环境与自然资源部负责灾害预防及减灾的工作。该部的主要研究对象包括飓风和热带风暴、洪水、干旱、龙卷风、地震、火山喷发、滑坡、疫情暴发、重要设施威胁、石油及危化品泄漏等。通过几年调研，美国国家科学技术委员会总结出了美国防灾减灾和应急管理的六大科技挑战和九个关键环节。其中，六大科技挑战分别为灾害信息的实时获取、灾害事故的发展机理和规律、防灾策略和技术、关键基础设施缺陷的识别和防护、抗灾能力评估及

相关标准、提升公众的安全意识与灾害应对能力；九个关键环节分别为灾害机理研究、危害风险区划、多因素风险评估、信息传递、灾害预防、预测预警、应急准备、应急响应、灾后重建。

美国应急管理方面的科技创新机构涉及庞大的科研机构、大学和实验室，重视吸引多学科交叉的科技力量进行相关研究。具体而言，美国应急管理科技创新体系由三部分组成：一是科技理事会，通过资助 Lawrence Livermore、Los Alamos、Sandia、Argonne、Brookhaven、Oak Ridge、Adaho、Pacific Northwest 等国家实验室开展应急管理基础研究。例如，Lawrence Livermore 国家实验室长期开展针对危化品泄漏的研究，主要进行多尺度（当地、区域、大陆、全球）大气流动与危化品扩散模型研究，危化品泄漏过程的三维模型和模拟研究，快速运行、局部尺度扩散模拟模型研究，危化品泄漏模型验证研究。二是国土安全部与一些大学共建的研究中心，如与约翰·霍普金斯大学等共建的严重后果事件处理和应急研究中心，主要针对突发事件的预防、应急、响应等工作，进行风险评估、指挥决策、预案、基础设施保护、应急能力和传感器网络等领域的研究；与南加利福尼亚大学等共建的恐怖事件风险和经济国土安全分析中心；与田纳西 A&M 大学等共建的国外动植物疾病防护国家研究中心；与明尼苏达大学等共建的食品保护和防护国家研究中心；与马里兰大学等共建的恐怖和反恐社会行为国家研究中心；与密歇根大学等共建的高级微生物风险分析研究中心；等等。三是成立课题和项目组织机构，供美国各研究机构从事应急管理的基础研究工作，如普度大学的食品安全工程中心获得开展沙门氏菌以及其他病原体探测研究等的支持。

◇ 拓展阅读

卡特里娜飓风是一次特别严重的风暴，其破坏程度在美国自然灾害中是史无前例的，由此也造成美国历史上规模最大的救灾和恢复工作。努力做好应急响应工作是我们对墨西哥湾沿岸地区以及全美国人民的应尽道义。

我们必须预料到会有更多的像卡特里娜飓风以及可能更严重的灾害发生。事实上，如果我们不能从中获取经验教训并加强我们的应急准备和响应，我们将使悲剧重演。我们不能对过去所犯错误无动于衷，我们可从中学到更多的东西，并为将来做好充分准备。这是我们的责任。

——《卡特里娜飓风应急响应的教训》，2006 年 2 月

第二节　日本应急管理体系建设情况及经验

日本是世界上自然灾害最频发的国家之一，台风、暴雨、地震、火山、山体

滑坡等灾害经常侵袭这个北太平洋上的岛国。日本在抗击自然灾害的过程中积累了丰富的应急管理经验，建立了较为完备的应急准备体系，形成了较为成熟的应急管理文化，普通公众具备较强的风险意识和自救、互救能力，在世界各国的应急管理体系建设中十分具有代表性。历经灾难洗礼的日本积累了大量防灾减灾、抗灾救灾和应急管理的经验。

一、应急管理模式从单项灾害管理到综合灾害管理转变

自 20 世纪 50 年代以来，日本的应急管理体系逐渐经历了一个从单项灾害管理到综合灾害管理，最后到全面危机管理的发展过程。日本于 1961 年制定和颁布了《灾害对策基本法》，明确了防灾组织、防灾计划、灾害预防、灾害应急以及灾后重建的各项标准。根据《灾害对策基本法》，日本的防灾减灾体制在此阶段也发生了根本性变化，涵盖各类灾害的综合防灾减灾管理体系逐渐建立。新体系具有四个基本特点：一是将地震和火山、台风、水灾、雪灾等各种主要灾害的应对策略综合起来进行立法，并编制基本的规划，实现对多项灾种的综合管理。二是将防灾、减灾、救灾等每个过程的相关政策和规划综合起来进行策划和实施，实现全过程的灾害管理。三是将中央和地方政府、民间、家庭等各防灾减灾主体组织动员起来，明确责任和合作机制，实现防灾减灾主体的多元化，体现其合作关系。特别是在政府层面，随着相关专业机构的建立，日本政府对防灾减灾和应急管理工作的力度不断加大。四是将防灾减灾专业规划与国土规划综合起来。

1995 年日本发生阪神大地震和东京地铁沙林事件后，日本的应急管理从“综合防灾减灾管理”转向“国家应急管理体系”。该体系的主要特点为：一是把防灾减灾工作上升到国家应急管理工作的层次，建立了为确保国家安全和国民生活安定、安心、安全的国家应急管理体制，形成日常行政管理、应急管理、大规模的灾害管理制度。二是把完善应急管理体制作为政府行政改革和考核政府绩效的一项重要内容，加强行政长官指挥能力和现场办公能力，推进部门之间的合作以及资源和技术的整合。三是重新立法，并对现存法律、制度、措施、规划等进行修改或整合，以提高综合行政能力。特别是把政府防灾减灾工作和政策的内容，从过去单纯和粗放的预防和保护转变为强调防护、有效利用、协调环境的有机结合，平时的正常运作和紧急情况下的应急管理相结合。在规划领域中，作为专项规划的防灾计划趋向于与其他非灾害性的社会经济发展规划进行综合编制和整合。防灾计划和最近几年的部门应急管理规划，成为各种非灾害性的社会经济发展规划必须考虑的重要领域。四是改革中央机构和组织形式，修改《内阁法》和《灾害对策基本法》等相关法律，完善应急管理体制，国家的应急管理直接置于首相管辖之下。五是改变以行政为中心的救灾体系，提出以行政、居民、民间企业、非政府组织、非营利团体、志愿者相互合作的“公救”“共救”“自救”体

系。六是加强科学研究，使用高技术应急管理信息系统，收集信息，在平时建立部门之间勤报告、多联系、快协商的信息沟通制度。七是中央加强以政府应急管理和部门协调为主要内容的每年一度的防灾训练。地方根据当地灾害和应急管理工作情况加强防灾训练，特别是进行跨行政区的综合训练。

二、构建了较为完备的预案体系

日本在抵御频发的自然灾害的过程中逐步构建了较为完备的预案体系，包括防灾计划架构、专项防灾计划和地方防灾计划。不同层次的防灾计划针对具体应急管理任务规定了可操作的行动方案。

防灾基本计划和应急预案涉及灾害预防对策、灾害应急对策和灾后重建等各个方面，构成了日本灾害对策的工作重点之一。防灾计划对灾害进行了划分：自然灾害主要包括地震、风水灾害、雪灾；事故灾害主要包括海上灾害、航空灾害、铁路灾害、道路灾害、原子力灾害、危险物灾害、林野灾害。防灾计划主要包括以下四方面内容：一是确保危险设备的安全，企业要遵守法律规定的标准，国家实施安保教育并对设备进行定期检查；二是制定并完善可行的灾害应急对策，建立健全相应的协调联络机制；三是国家要推进防灾知识的普及，完善灾害发生时的救援和支援机制；四是国家鼓励对危险物灾害及与灾害预防相关的科学研究，政府部门应加强与研究机构的合作，使研究成果应用于灾害防御。

日本政府还针对具体的灾害和风险，编制了详尽的部门应急计划和专项应急计划。例如，在应对油污事故方面，依据 1996 年 1 月 17 日对日本生效的《1990 年国际油污防备、反应和合作公约》第 6 条，日本编制了《国家油污防备与反应应急计划》。该计划提出了日本油污防备和反应体系，主要内容包括应急体系的建立和完善，通信报告要求，应急设备的准备、演练、溢油应急反应，溢油事件评估，有关主管机关之间的相互支持与协作等，以确保油污事故发生后能采取迅速有效行动。其他相关的国家专项应急计划包括：依据《灾害对策基本法》（1961 年第 223 号法）编制的“地方灾害预防基本操作计划”、依据《环境基本法》（1993 年第 91 号法）编制的“环境基本计划”、依据《海上防污防灾法》（1970 年第 136 号法）编制的“溢油清除计划”以及依据《石油综合企业与其他石油设施防灾法》（1975 年第 84 号法）编制的“石油工业灾害事故预防计划”。

各地方根据本地所面临的灾情和救援工作情况，因地制宜地制订了各项防灾计划。根据《日本国民保护法》的规定，2004 年起都道府县、2005 年起市町村必须制订地域的防灾计划，同时有关省厅或指定公共机构要以地域防灾计划为基准要求设定相应的业务计划，涉及的领域主要为水务、电力、卫生、能源、金融等与国计民生有关的部门。例如，东京都的应急计划体系基本上以原有的防灾计划为基础，包括三部分内容：一是综合防灾计划，二是健康保健等专项部门计划，三是各部门计划中的防灾减灾、安全管理、应急处置计划等。

三、建立了权威、高效的应急管理体制

经过20世纪90年代中期以来的不断努力，日本逐渐改变了传统上以防灾部门和卫生部门为主的分立管理方式，采取了以内阁府为中枢、整个政府集中应对的一元化管理体制。目前，日本应急管理体制的基本特点是以内阁总理大臣（首相）为最高指挥官，内阁官房负责整体协调和联络，通过安全保障会议、中央防灾会议以及相关省厅负责人紧急协议等决策机构制定危机对策，由国土厅、气象厅、防卫厅和消防厅等部门负责具体实施。各类突发事件的预防和处置，由各牵头部门相对集中管理。例如，火灾、化学品等工业事故由总务省消防厅牵头，核事故由文部科学省牵头，生产安全事故由经济产业省牵头，海洋污染和海上灾害由海上保安厅和环保署牵头，突发公共卫生事件由厚生劳动省牵头，经济危机由金融危机对策会议牵头，国家安全事宜由安全保障会议研究对策，地震、台风、暴雨等自然灾害和没有明确部门管理的事件则由内阁府牵头。当事态满足以下条件时则由内阁官房代表政府负责综合协调应对：必须立即应对的事态（紧迫性）、出现或可能发生国民的生命财产遭受重大损害的紧急事态（重大性）、必须由政府统一应对的事态（紧急应对的统一性）。

2001年1月1日，日本对中央机构进行改革和重组，确定了应急管理的基本组织架构。目前，日本的应急管理机构体系包括常设机构和临时机构两部分：常设机构有安全保障会议、中央防灾会议以及内阁的应急管理专门机构，临时机构中有针对各种原因产生的紧急事态所规定的应急管理机构。改革后，日本国家层面的应急管理组织体系有以下特点：一是在1998年的基础上，修改《内阁法》及其他组织法，加强首相的应急指挥权和内阁官房的综合协调权，强化应急管理机构和中央防灾减灾工作的地位和功能。二是提高内阁府的防灾决策指挥和综合协调能力，把原来设在国土厅的防灾减灾工作最高决策机构“中央防灾会议”改设在内阁府。三是加强国防安全的最高决策机构“安全保障会议”的功能。四是使国防安全保障、应急管理、防灾减灾形成一个系统，相互之间既分工明确又互为关联。通过建立科学的协调机制，日本将国家安全保障、应对经济危机、防灾减灾等各方面的安全工作有机整合起来，改变以往相互独立和分割的情况。

四、逐渐形成了较为成熟的应急管理文化

相对于其他国家而言，日本的应急管理文化十分成熟，表现为公民普遍具备应对危机的心理素质和自救互救技能。2011年的“3·11”大地震中，日本公民表现出冷静的心理素质和良好的应急秩序，赢得了世界各国人民的尊重。这种成熟的应急管理文化一方面与日本灾害频发的国情有关，另一方面是长期的宣传教

育和培训演练的结果。

日本非常强调在政府部门和全社会开展防灾减灾和应急管理的宣传教育，通过设定宣传活动日、在学校和社区等基层单位开展防灾减灾教育等各种方式，将防灾减灾工作贯穿于民众日常的生活中，提高政府和国民的安全意识与应急技能。日本强调，为了减轻灾害的程度，需要每一位国民及企业开展以自觉为基本的“自助”、地区多样主体的“共助”以及国家及地方公共团体的“公助”的协作。《东京都创建安全安心城市条例》开篇也提到，要广泛让市民能够认同这样的观点：“自己所在城市需要自己来守护。”2006 年，中央防灾会议决定制定以“采取安全、放心、有价值的行动”为口号的“关于推进减灾国民运动的基本方针”，以推动个人及家庭、地区、企业以及团体等经常性地开展减灾行动。

防灾减灾培训和演练已经成为日本普通民众获得防灾知识和教育的重要途径，同时日本公众与社区的自救互救体系也不断完善。日本《灾害对策基本法》规定了政府开展防灾演习的职责。为了在全国范围内推进各种演习，中央防灾会议还专门制定年度“综合防灾演习计划”，该计划规定实施演习的基本标准，构建了综合防灾演习框架。政府要求各地努力建立“防灾安全街区”、“防灾据点”和“防灾生活圈”，指导居民日常进行防灾训练与防灾生活活动。这些模拟地震、火灾等情景的防灾体验中心，大多免费向市民开放。同时，日本各地每年都根据当地灾害和突发事件的具体情况，开展内容丰富、形式多样的防灾减灾训练。在每年 9 月 1 日日本的国民“防灾日”，地方政府、社区、学校和企业都要举行各种防灾演习。特别是地震多发区的社区，都要进行一次综合性防震训练和地域防灾训练。日本建设了繁多的防灾博物馆、富有特色的城市防灾中心等，作为公众进行教育培训的场所。

阪神大地震发生后，日本提倡“自救”“共救”“公救”的原则，强调灾害发生后首先是居民的“自救”，其次是邻里和社区的“共救”，最后是政府的“公救”。居民自主防灾组织的日常活动对提高居民的自救能力具有不可忽视的作用，当灾害发生后居民自主防灾组织便成为开展共救活动的重要主体。针对地震高发的情况，日本的很多企业都明确了在地震灾害中的紧急处理程序与灾后重建中的应对措施，其中包括企业应急处置预案、业务持续管理计划、企业员工救助计划等。

五、强调责任共担，鼓励社会参与

日本的防灾减灾和应急管理体制是建立在依靠国家、社会团体和全体公众共同努力的基础上的，强调国家、社会团体和全体公众在应急管理过程中承担不同的责任。一是国家的防灾责任。国家是整个防灾法规和防灾对策的制定者和实行者，所以《灾害对策基本法》中明确说明，灾害中保护国民的生命财产安全和国土的完整是国家的使命，国家有责任采取各种行政措施并进行有效的灾害预防使各种灾害损失降到最低。该法规定了国家的防灾计划和政策由中央防灾会议负责制定实施，同时要求以内阁总理大臣为会长的中央防灾会议负起非常灾害对策本部的设置责任。二是都道府县政府的责任义务。都道府县政府必须在获得相关机关和其他地方公共团体协助的基础上，根据防灾基本规划的基本内容，制订适合本区域的防灾计划，并负责各种防灾事务的综合调整。三是街村的责任义务。四是公共机关的责任。五是公民的责任。《灾害对策基本法》还规定了地方公共团体、区域内的公共团体、防灾重要设施的管理者、普通市民在防灾上的责任，如防灾功臣的表彰、违反法律的惩罚。

日本的防灾减灾和应急管理非常强调通过建立全社会共同参与的制度平台，明确各种防灾工作流程和制度来提高自救互救的比例。例如，日本各地都建立防灾应急动员制度，一旦发生灾害，政府和非营利机构的职员要到当地政府报到，义务帮助救灾。《东京都震灾对策条例》强调两个理念：一是“自己的生命自己保护”，二是“我们的城市我们保护”。东京都除通过自治会组织志愿者救助队伍外，还与志愿者签订互助协议，建立“东京志愿者和市民活动中心”，组织公众开展自救自助活动，极大地提高了全民的防灾意识和协作精神。

在日本，公司企业等私人部门也被要求积极参与应急管理。根据要求，企业要建立自己的自卫消防队等应急救援力量，制定应急规划，编写应急手册，储备必要的应急物资和装备，进行应急演练，与市民防灾组织合作。行业协会也要求企业必须参与应急管理。

六、高度重视科学技术对应急能力的支撑作用

日本的防灾减灾和应急管理事业包括防灾科学技术研究、灾害预防事业、水土保护、灾后修复四个方面。在防灾预算中防灾科学技术研究费保持在1.5%左右，并有逐年上升的趋势，到2000年已经占防灾预算的1.8%。2002年，日本政府各省厅用于防灾减灾科技研究方面的经费为438.35亿日元，这显示了防灾减灾方面的科学技术研究的重要性。

日本在防灾基础研究方面一直投入大量的财政预算。防灾研究开发主要加强灾害发生机理及灾害预防的基础科学研究：一方面，对灾害发生机理进行调查研究，并建立了一套完整的各种灾害的基础资料和数据库；另一方面，投入大量的财力进行防灾技术的开发和研究，如灾害预报的研究、灾害情报传输技术的开发、灾害管理技术的开发研究等。尤其重视高科技在防灾减灾方面的应用研究。日本现在已经建立起一套完整的防灾减灾科技研究体系，除了国家防灾科技研究所负责对各种灾害机理等进行研究外，主要大学等都设立了与防灾有关的学科和专业，学校在培养防灾专业人才的同时，也加强防灾减灾相关技术的开发研究。

日本的亚洲地震研究中心与阪神大地震重建纪念馆相连，建立于1995年阪神大地震后，集合了世界27个地震多发国家的研究人员共同研究如何减灾和躲避灾害，已成为重要的国际减灾组织。

2006年，作为日本的科学技术基本政策方针阐述的“第3个科学技术基本计划”，提出了“以安全为荣耀的国家——实现全球最安全的国家——日本”的大政策目标以及保证国土安全、社会安全和生活安全的中政策目标，提出要将日本建设成为世界上最为安全的国家，确保日本国土、社会、人民生活的安全。此外，作为该计划在各领域的推进战略，提出了关于防灾的10项重要研究开发任务。

七、建立了全面系统、动态发展的法制体系

日本的防灾减灾和应急管理工作特别注重法制化和规范化建设，通过制定各项法律制度，明确政府、公共机构、企业、民众等相关主体在防灾减灾和应急管理中的职责和任务。

日本按照防卫（属于战争状态法范畴）或非防卫（属于非战争状态法范畴）的分类，把紧急状态分解到《应对外来武力攻击法》和《灾害对策基本法》等法律中。针对属于非战争状态法范畴的灾害，经过120多年的不懈努力，日本已经基本形成一个以《灾害对策基本法》为龙头的相当完善的庞大防灾减灾法律体系，为防灾减灾工作的有效实施提供了重要的制度保障。据统计，截至2012年，日本以《灾害对策基本法》为骨干，共制定有关防灾减灾和救灾的法律53部，其中包括与《灾害对策基本法》相关的法律5部，有关灾害预防的法律16部，关于灾后重建以及财政金融措施的法律24部以及防灾减灾组织方面的法律5部。

日本虽然没有专门的紧急状态法，但却分别制定了对付各种紧急状态的一般性法律，如《警察法》《自卫队法》《灾害对策基本法》等。按照日本《防灾白皮书》的分类，日本的一般性防灾减灾和应急管理法律体系共由52部法律构成，其中属于基本法的有《灾害对策基本法》等6部，与防灾直接有关的有《河川法》《海岸法》等15部，属于灾害应急对策法的有《消防法》《水防法》《灾害救助法》等3部，与灾害发生后的恢复重建及财政金融措施有直接关系的有《关于应对重大灾害的特别财政援助的法律》《公共土木设施灾害重建工程费国库负担法》等24部，与防灾应急机构设置有关的有《消防组织法》等4部。

《灾害对策基本法》是日本防灾减灾体系的基本大法，也是日本灾害管理的重要法律基础。《灾害对策基本法》于1961年颁布实施，标志着日本防灾减灾管理工作开始走向法制化、程序化和规范化。该法主要对事前的防灾减灾、事发的救灾赈灾及事后的恢复重建等工作做了比较详细的规定，将各种分散和局限的特定灾害法进行统一，使其更具广泛性和权威性。自1961年颁布实施以来，中央

防灾会议根据实际应用中遇到的各种各样问题，特别是在经历了各种实际灾害应对时获得的宝贵经验教训的基础上，对《灾害对策基本法》进行了多次不同程度的修改，迄今已经修改23次。

◇ 拓展阅读

日本“3·11”大地震及海啸应对经验

（一）先进的地震、海啸监测预测体系为及时预警提供技术支撑

日本先进的地震速报预警、海啸监测预测体系在此次应对中发挥了重要作用。数百万民众在地震横波和海啸到来前得到预警信息，为自救、互救、逃生避难提供了机会。特别是生命线工程自动处置措施、列车自动刹车系统，使得东北新干线等灾区运营中的27列高铁安全停车，有效防止了次生灾害的发生。

（二）成熟的安全文化与应急避难体系为应急处置与救援奠定了基础

日本将防灾宣传教育作为重大国策，学校和社区每年均开展多次防灾教育和避险训练。经常性的教育使日本国民树立了忧患意识和自救→互救→公救的意识，普遍掌握了防灾避险和自救互救技能。此次地震发生后，民众沉着镇定，积极开展自救、互救与公救活动，媒体冷静面对，社会秩序总体稳定，展现出可贵的国民素质。同时，日本政府在每个村镇都利用学校、体育场馆、公共建筑等设立了室内避难场所，震后无须搭建帐篷，灾民就得到了及时安置。

（三）坚实的基础建筑和抗震能力减少了人员财产损失

日本具有世界先进的建筑抗震能力标准，在此次地震中发挥了重要作用。此次地震震级高达9.0级，一方面，最近的陆地建筑距震中也在130千米以上，另一方面，日本建筑物的优良抗震能力，使得由于地震受损的建筑不多。日本的高设防标准、高警惕意识有效减少了生命和财产损失。1995年，日本阪神大地震造成6433人死亡，其中有83.3%的遇难者是建筑物倒塌和火灾所致。在这之后，日本政府连续3次修改《建筑基准法》，不断提高各类建筑的抗震标准，目标是2015年将房屋住宅的耐震率由75%提高到90%，2020年达到95%。此次地震中，压死、房屋毁坏致死的不到总死亡人数的4.4%。值得一提的是，日本政府对“学校的耐震性”极为重视，目前公立中小学校设施的耐震率已达67.0%，接受抗震诊断的校舍已占96.2%。在全国死亡和失踪人数统计中，国立、公立和私立学校死亡仅91人，受伤176人。这一数字在全部死亡人口中占很小比例。

（四）根据灾情适时调整法律法规和防灾对策为灾后科学应对提供了依据

日本政府根据灾害发生后的实际情况，对相关的防灾对策进行了及时必要的

修改，如在此次地震的认定与赔偿方面，首相菅直人4月13日决定简化《灾民生活重建支援法》中所规定的补贴金支付手续，政府通过航拍照片确认海啸受灾区域，为灾后生活和生产的恢复提供便利；考虑东日本大地震灾区的地表松动情况，气象厅降低了有关地区发布大雨警报、预警和土沙灾害警戒情报、洪水警报预警以及洪水预报的标准；在因地表下沉安全度降低的区域，内阁府修改了液状化对策，各级政府与相关省、厅合作，实施建设海岸堤防等防止二次灾害发生的措施；针对地震监测情况，日本政府提出了要强化和促进沿海地区地震（三个海域同时发生地震）以及首都直下型地震相关措施的实施等。2011年6月24日，《东日本大震灾恢复重建基本法》公布并施行。这些基于现实灾情判断而进行调整的法律法规以及防灾对策充分保证了灾后应对的科学性。需要强调的是，灾后日本政府组织各方力量，及时开展了灾情与应对措施的中期评估，编写并公布了2011年版《防灾白皮书》，并进一步总结经验教训，以不断推进防灾减灾工作。

（五）妥善安置和地震保险等促进灾区恢复重建

此次大地震使以东北三县为中心区域内的很多灾民失去了家园。海啸导致区域浸水，地基下沉，产生了大量的灾害废弃物，致使大量灾民不得不长时间在避难所生活。日本政府根据灾害的实际情况及其发生区域、规模以及时间（季节）等特点，明确了确保避难所生活环境的方针及相关措施，特别是对于老年人、残疾人、外国人、婴幼儿、孕妇等受灾人员，明确向其提供灾害情报，帮助其避难等相关措施。此外，为了确保避难所良好的生活环境和建设长久住宅，日本政府积极推进二次避难，并与灾害志愿者合作，在考虑男女需求差异、灾民心理康复的基础上向避难所分发食物以及物资。总之，日本政府从灾民的立场出发，全面地采取多方面措施支援灾民的生活。

日本政府重视地震保险的作用。1966年，日本政府颁布《地震保险法案》和《地震再保险特别会计法案》，建立由保险公司、再保险公司和政府共同分担责任的地震保险制度。在该结构中，政府承担着最后地震险赔付责任。截至2010年3月，日本地震保险民众参保为1227.3万户，地震保险参保率为23.21%，即平均每5户家庭就有1户家庭参加地震保险，这一比例乍一看并不算高，但对一项非强制的、出险频率相对较低的巨灾保险业务而言，已经是较为可观的投保率了。可以说，在此次日本应对地震灾害的过程中，保险制度积极发挥了避险和分散风险的重要功能，使广大灾区民众在遭受损失后能及时得到经济补偿，提高了灾后恢复重建效率，对政治、经济和社会的稳定发挥了不可替代的重要作用。

（六）将应急管理能力纳入政府官员考核指标

日本政府要求政治家们必须重视提高处理突发事件的能力，并把是否具有应急管理方面的经验作为政府各级负责人提拔升迁和政绩考核的指标之一。日本国民对救灾不力、行动迟缓、指挥混乱的政府官员予以监督直至追责致其丢官。例如，日本北海道2011年4月进行知事选举，受东北大地震影响，各位候选人已将过去以“经济、就业对策”为主的竞选提纲改为“灾害对策”的论战。2011年8月，菅直人的下台主要是因为其救灾不力，处置核泄漏优柔寡断、贻误战机。

第三节 国外经验对中国应急体系建设启示

一、坚持综合应对的应急管理理念

应急管理过程是针对各类突发事件，从预防准备、监测预警、处置救援到恢复重建的全灾种、全流程、全社会、全方位的管理。在这个过程中，必须坚持以人为本，人的生命是最宝贵的，无论是救援人员，还是受灾民众，都应当千方百计进行保护。在处置突发事件的全过程里，必须始终坚持救人第一，并避免次生灾害事故的发生，全力施救，科学施救，为了人、保护人、依靠人、尊重人。

发达国家的应急管理实践对我们有很好的借鉴意义。无论是联邦制国家还是单一制国家，综合的应急管理理念都在不断得到强化，体现在如下几方面。

(1) 应急管理的对象经历了由单灾种向多灾种的转变。1979年FEMA的成立，推动了美国从以核战与民防为管理核心向覆盖各类突发事件和各类应急管理职能的综合型应急管理模式的转变，体现了美国应急管理的一种全新理念，即“综合性应急管理”。

(2) 应急管理模式实现了从“重响应、轻预防”向“全流程管理”的逐步完善。FEMA成立后，美国全国州长协会推出综合应急管理范式，指出应急管理包括四个主要方面，即准备、应对、恢复和减灾，并将整合式应急管理系统作为达到综合应急管理目标的战略。1988年的《斯塔福德减灾和紧急援助法》则将这种转变以法律的形式固定下来，进一步推动了美国应急管理体系的发展。

近年来，发达国家陆续引入“持续性”的发展理念，使综合性的应急理念不断深化。美国从20世纪90年代开始，引入抗灾社区、持续性、脆弱性等概念，使美国的应急管理呈现出主体多元化和学科交叉性的特征，在持续性发展方面拥有了更深的内涵。日本政府也把“业务持续性管理”理念引入防灾业务计划制订中，并积极向全社会传播该理念，力争在发生灾害时使政府的关键业务活动持续进行，以确保日本政府本身、全社会的稳定，使政府工作在最短时间内恢复。截至2010年6月，日本政府的各省厅和都道府县所有的防灾业务计划中，都吸纳了业务持续性管理的理念，加强了指挥、交通、通信等关键部门和重要基础设施的抗灾抗毁能力。

(3) 应急管理的主体呈现出从单一的政府向多元化主体的转变。德国的应急组织系统充分发挥社会、民间的力量，从而形成一个全社会的应急管理网络，极大地弥补了政府能力的不足。而美国的应急预案从《联邦应急预案》到《国家应急预案》再到《国家应急框架》，不断深化，代表着美国综合性应急管理理念的不断深化。《联邦应急预案》只涉及联邦，《国家应急预案》则涉及各个层级的政府。2008 年 3 月，美国政府开始以《国家应急框架》取代《国家应急预案》，目的是整合全国社区、州、联邦政府、私营部门、非政府组织等力量，综合性地应对各种风险及突发事件。

(4) 应急管理实现了各部门全方位的联合。日本政府为了应对巨灾，建立了广域救灾协作机制，并规范和明确了警察、消防、自卫队三大应急力量相互协助的必要事项，以便调集各种资源快速有效地应对危机。

俄罗斯紧急情况部建立之初的主要任务是发生自然灾害和重大生产事故时实施救援，为提高对重大灾害和突发事件的应急能力，该部的规模和任务不断扩展，目前已成为国家级专业化的救援救灾机构，拥有多支应对紧急情况的专业力量。该部有权协调有关部门并调用本地资源，还可通过总理办公室请求获得国防部或内务部的支持，拥有国际协调权及在必要时调用本地资源的权限。

鉴于发达国家的经验，我们得到如下启示：①应制订逐步完善的综合性应急计划，根据灾害类型进行准备、紧急反应及恢复和重建，高效地应对各种风险及突发事件。②须调整过去“重处置、轻预防”的管理思路，切实重视应急的全过程管理。③建立权责分明的综合性应急管理机构，进一步明确政府、企业、社会组织和公民的责任与义务，坚持党委领导、政府主导、部门履责、社会协同、公众参与、军地合作、协调联动，提高全社会保障公共安全和处置突发事件的能力。④综合自然、工程、社会、人文等各领域的专业知识，调动党、政、军、民等多主体的资源协调、有序、有效应对突发事件。

二、始终注重全过程的应急管理

应急管理机制是完整的、连续的过程，包括预测预警、信息报送、应急决策和处置、信息发布、社会动员、恢复重建、调查评估等事前、事发、事后各个环节，只有将各环节的保障和应急能力统筹考量，才能形成合力，实现应急管理的最高效和最优化。长期以来，对待突发公共事件，无论是国内还是国际都具有“重救轻防”的倾向，发达国家政府逐渐意识到事前预防的重要性，对突发事件管理工作重点由灾害救助和灾后恢复转向灾前准备和减轻灾害及其风险影响，从对突发事件进行应急响应转变为政府部门和公众进行经常性的突发事件预防与准备，逐渐形成了很多值得我们借鉴的做法。

(1) 重视风险分析与评估。1995 年阪神大地震后，日本政府把风险分析与评估作为整个应急准备工作的前提。在 2011 年修订完成的防灾基本计划中，日本中央政府经过重新评估，将海啸灾害列为第二位的灾害风险。新加坡政府每年都对危机和应急管理工作情况进行全面评估，及时、全面、准确地统计各类突发公共事件发生起数、伤亡人数、造成的经济损失等相关情况，并纳入经济和社会发展统计指标体系，估算出预防费用，列入政府财政预算开支，把钱花在预防上，并积极开展危机预防。

（2）重视作为危机管理基础的危机预警机制。例如，加拿大强调应急减灾的全过程管理，且十分重视预防及减少灾害发生这种基础性工作，基本形成了预防为主、防救并重的减灾工作格局。

（3）危机发生后迅速处置，高度注重媒体的作用。危机发生后，俄罗斯的紧急情况部行动中心可以对突发事件做出快速反应。对媒体在危机期间的舆论导向和社会职责做出法律规范，并在紧急状态期间，依法加强对媒体的管理。新加坡政府高度重视，立即派出一名较高级别的负责人到达现场，专职处理危机的人员立即进入角色，必要时专家介入，按照危机处理预案和程序操作，以最快的速度调查事故起因，并及时安抚受害者、尽力缩小事态范围，通过各种措施解决危机，将危机造成的损失降至最低。

（4）灾后重建开始走向正轨。2011 年 6 月，日本通过了《东日本大震灾恢复重建基本法案》。该法案提出，将在内阁中设立一个由首相牵头、全体内阁成员参加的“重建对策总部”，并且在灾区也设立一个对策总部，这意味着日本的灾后重建走向正轨。

我们同样应该注重危机的全流程管理，可从如下几方面予以加强：①建立危机风险评估和预警机制。危机发生之前，各部门应做好风险隐患的普查、分析，制定科学的评估方法，做出科学的预测和判断，做到早发现、早报告、早预防、早处置。对可能发生和可以预警的危机，提前制定处置战略战术，有备应对。②建立公开、顺畅、权威的沟通渠道。危机发生后，应及时引导社会舆论，尊重群众的知情权，充分体现政府高度负责的态度。③妥善做好危机处置工作。危机发生后，政府应及时协调组织有关救援队伍开展救援，并防止发生次生、衍生灾害事件。④完善善后处理机制。事后应尽快组织实施调查评估和恢复重建工作。科学制订重建计划并尽快组织实施。对人为原因造成的危机开展调查，依法依纪处理责任人员，督促落实整改措施。对于在危机中伤亡的群众，按照规定给予抚恤，做好受灾群众的基本生活保障，并提供心理援助。

三、普遍建立了权威、高效、协调的应急管理体系

应急管理是在突发性、紧急性和不确定性交织的特殊情景下的非程序化决策的过程。为了回应这种特殊决策过程的内在需求，发达国家在近 30 年的应急管

理实践中较为普遍地建立了权威、高效、协调的应急管理体系。无论是联邦制国家，还是单一制国家，在强化应急管理体系的权威性和协调力方面均呈现出很大的相似性。西方国家应急管理体系建设的经验主要表现为发达国家普遍构建了首长负责、多部门联动的中枢指挥系统。该系统代表了国家最高领导层的战略决策效能和危机应变能力，发挥着危机管理核心决策和指挥的重要作用。这种指挥系统有利于在最短的时间内调动举国资源进行高效的应急管理与救助，将危机损失降到最低。

(一) 建立了高规格、高权威的综合协调机构

应急状态对政府部门的快速协调和资源整合能力提出了很高的要求，西方国家普遍建立了高权威、高规格的综合协调机构，一些国家直接由国家领导人担任综合协调和决策指挥的最高领导，大大提高了重大突发事件中的决策效率和协调力度。

美国应对大规模灾害的综合协调和决策指挥的最高领导是国家总统，国家安全委员会和国土安全委员会分别为应对国家安全和国内突发事件的最高决策机构，确保联邦政府的不同部门和机构联合行动。在应对各种非军事的国内安全事件和防止恐怖活动方面，美国主要由国土安全部牵头实施，国土安全部由 22 个联邦机构合并而成，工作人员 17 万多名，年预算额接近 400 亿美元，具有很强的应对和协调能力。美国应急管理的综合协调机构是 FEMA。2006 年美国国会吸取卡特里娜飓风应对的经验，对 FEMA 进行改革和强化，规定其在紧急状态下可以提升为内阁部门，直接对总统负责，并强化其作为全国性应急管理机构的职能，以更好地领导和支持全国不断健全一个基于风险，包含准备、防范、响应、恢复和减灾等职能的整合式应急管理系统。据统计，截至 2007 年 11 月，FEMA 总共应对了 2700 多次由美国总统宣布的灾害。

日本应急管理体系以内阁首相为最高指挥官，内阁官房负责整体协调和联络，通过安全保障会议、中央防灾会议以及相关省厅负责人紧急协议等决策机构制定危机对策，由国土厅、气象厅、防卫厅和消防厅等部门负责具体实施。日本《灾害对策基本法》规定，国家设立中央防灾会议作为政府的一个常设部门，负责制定全国的防灾基本规划以及相关政策和指导方针。中央防灾会议由内阁总理大臣（首相）任委员长，防灾担当大臣（一般由国家公安委员长兼任）和其他全体内阁成员以及指定的公共机构（如红十字会、日本银行、NHK 电视台、NTT 电信公司）的负责人为成员。中央防灾会议是日本防灾减灾方面最高的行政权力机构，负责日本全国防灾减灾和应急管理的总体协调与规划。

俄罗斯则在国家层面形成了以总统为核心，以联邦安全会议为决策中枢，以紧急情况部为综合协调机构，由联邦安全局、国防部、外交部、对外情报局、联邦边防局、外交部等权力执行部门分工合作、相互协调的应急管理组织体系。联

邦紧急情况部部长是俄安全会议成员，但紧急情况部只承担和平时期的任务，而不担负战时任务。俄罗斯紧急情况部已成为国家专业化的救援救灾机构，拥有在必要时调用本地资源和国家协调的权力，并有权通过总理办公室请求获得国防部或内务部的支持。一旦发生紧急情况，该部将向受害者提供紧急救助；俄境内出现恐怖活动时，该部也第一个赶到现场组织救援。

（二）健全了纵横交织的应急管理组织体系

近年来，随着突发事件的增多，各国进一步加强应急管理，主要形成了以中枢指挥系统为核心，高效协同的应急管理体系。危机管理中的高规格、高权威的指挥是核心，但仍然需要相关机构的横向配合与纵向对接，提高效率，形成联动的最大合力。

美国已基本建立起一个由联邦、州、县和地方政府四级政府以及社区等基层单位共同构成的，职责分工明确、协调配合畅通的应急管理组织体系，比较全面地覆盖了美国本土和各个领域的突发事件。为了提高危机管理中的效率，美国先后进行两次大范围的机构调整，1978 年进行了集中化的过程，成立了 FEMA，建立了一个包含指挥、控制和预警功能的综合突发事件管理系统，管理自然灾害危机与社会经济危机；2003 年，美国又合并了海岸警卫队等联邦机构，成立了国土安全部，将反恐与救灾力量进行整合。

日本实行中央、都道府县、市町村三级的防灾减灾救灾组织体制，建立了加强横向和纵向的协调以及各省、厅分工合作的应急管理机制。中央、都道府县、市町村三级之间的具体职责分工为：中央政府负责统筹全国防灾减灾工作，制定相关措施；都道府县负责协助市町村及指定的公共机构开展防灾减灾业务；市町村由基层地方公共企业团体共同制订防灾计划，并结合消防机关相互支援完成防灾救灾工作；指定公共机构（包括中央和地方的指定公共机构）协助都道府县及市町村，执行相关防灾减灾和救灾工作；市民需了解灾害并做好准备，主动参与演练等各项防灾减灾工作。

在协同有序和考虑各机构利益方面，英国的“金、银、铜”三级处置方式很有特点，三个层级的组成人员和职责分工各不相同，通过逐级下达命令的方式共同构成一个高效的应急处置工作体系，保证了处置命令在战略、战术以及操作层面都能得到有效贯彻实施。

尽管我国与西方发达国家的国情不同，但是根据当前应急管理的发展趋势，建立权威、高效、协调的应急管理体系是各国应急管理追求的共同目标。在具体的实践中，许多国家形成了首长负责、多部门联动的中枢指挥系统，并以中枢指挥系统为核心，建立了高效协同的应急管理体系。当前，我国应急管理工作的最高行政领导机构是国务院，在总理的领导下研究、决定和部署特别重大突发事件的应对工作。为了更好地协调资源，我国还成立了若干专门委员会作为跨部门联系机构或议事协调机构，在常态中、危机中和危机后，这些部门之间的协调与高效工作是衡量应急管理工作的重要指标。在分析我国现行体制、借鉴国际经验的基础上，建议构建和不断完善党委领导、政府主导、部门履责、社会协同、公众参与的应急管理体制。在党中央领导下，成立由国家主席担任负责人，党中央、国务院和中央军委主要领导同志担任主要成员的国家公共安全应急管理委员会，使危机应对和准备工作更加充分、更有权威、更加快速、更加统一高效。

四、充分发挥地方政府的应急管理责任

突发事件发生后，各国大多按照条块结合、以块为主和集中统一的原则，根据突发事件的影响范围和突发事件的等级不同，确定应急救援和处置工作由不同层级的政府负责。突发事件发生后，通常以地方为处置和救援的主体，由地方统一协调救援行动。

作为联邦制国家，美国实施属地管理、分级响应的原则，各个层级的政府和基层单位建立相应的组织机构。美国各州具有独立的立法权与相应的行政权，一般都设有专门机构负责本州的应急管理事务。在以州为主、属地管理的原则下，根据突发事件的危害和损失大小，美国启动相应的应急响应程序，根据突发事件规模、应急资源需求和事态控制能力，评估和确定上级政府是否有必要做出响应：当事件超出地方能力范围时，上级政府或周边地区介入受灾地的救灾工作，但指挥和处置仍主要以受灾地为主，上级政府为下一级政府提供必要的支援和指导。由于美国实行联邦制，当突发事件发生后，应急行动的指挥权通常属于当地政府，仅在地方政府提出援助请求时，上级政府才调用相应资源予以增援，并不接替当地政府对这些资源的处置和指挥权限，但上一级政府有权在事后对这些资源所涉及的资金使用情况进行审计。跨区域应急救援时，上级政府负责组织相关部门和地区拟定应急救援活动的总体目标、应急行动计划与优先次序，向各地区提供增援，但不取代受灾地的指挥权。

一般来说，单一制国家往往较多地强调中央政府的权威，但是由于应急管理问题的紧急性和复杂性，许多单一制国家也十分注重发挥地方政府在应急管理中的作用，地方应急管理机构往往与中央设置的应急管理机构存在对应关系。日本就是一个典型的例子。日本实行中央、都道府县、市町村三级的防灾救灾体系，其中中央政府负责统筹全国防灾减灾工作，形成了以首相为核心的全政府式危机管理体制，包括由首相召集的中央防灾会议及安全保障会议；都道府县建立了知事直管型的全政府式危机管理体制，相应也有地方防灾会议，负责协助市町村及指定的公共机构开展防灾减灾业务；市町村由基层地方公共企业团体共同制订防灾计划，并结合消防机关相互支援完成防灾救灾工作。日本地方政府在应急准备、社会动员和应急响应方面发挥着十分重要的作用。

近年来，各国在应急管理中坚持“统一管理，属地为主”的原则，一方面要发挥地方政府的作用，另一方面需要加强中央政府/联邦政府与地方政府的衔接机制，两者形成合力，有助于应急管理的优化。在美国，这种机制是通过FEMA分布在全国10个应急区的代表处完成的。突发事件发生后，首先由所在州进行自我救援，同时州政府根据灾害规模、应急资源需求和事态控制能力决定是否需要请求上级政府支援。FEMA在当地的代表处评估当地灾情和灾害损失，向总统提出建议报告，总统据此决定是否发出救援命令。这种机制保证了信息报送和决策传达之间的高效。在日本，中央政府和地方政府的指挥和协调主要依靠官僚体制实现，由于中央政府具有权威，因此这种协调机制也十分有效。

综上所述，从过去经验到现在趋势来看，“属地为主”的应急处置原则已成为西方发达国家应急管理的核心理念之一，我们有效借鉴这种经验将有助于充分调动地方政府在应急管理方面的积极性和创新精神，从而改变以往“坐、等、靠、要”的不良工作态度，减少应急处置失去的良机。此外，贯彻落实应急处置的“属地为主”原则，还需要改变以往根据“伤亡数字”来判别事件等级的方式，以“是否超出属地应急管理能力”为标准来确定是否由上级机关介入应急处置，促使地方政府探索多元的属地救助模式，如初见成效的广东、上海、陕西等地的区域联动机制，一定程度上解决了应急管理的条块问题，为贯彻实施“属地为主”原则提供了有效的参考与借鉴。

五、在政府主导下，全社会各方有序参与

发达国家应急管理的实践表明，即使在最好的情况下，政府也无法单独完成所有的救灾任务。在西方发达国家应急管理实践中，政府和社会、公共部门和私人部门之间的良好合作，普通公民、工商企业组织、社会中介组织在应急管理中的高度参与，是实现科学应急管理的重要经验。

（一）全民参与应急准备

在应急准备阶段，各国都无一例外地强调全民参与的原则，依托全体国民，基于社区开展宣传教育，组织应急演练，培育和引导全体国民的风险防范意识和理性应急行为。鼓励普通公民参与志愿活动，培养和提升事故灾难中的自救、互救技能。

日本民众具有较高的风险意识和应急技能，强调需要每一位国民及企业开展以自觉为基础的“自助”、地区多样主体的“共助”以及国家及地方公共团体的“公助”的协作。

美国依托FEMA为全民参与应急管理提供行动指南。为指导普通民众和基层社区单位做好应急准备和预案编制工作，FEMA在其网站发布了一份题为“你准备好了吗？市民准备指南”（Are you ready? An in-depth guide to citizen preparedness）的指导性文件。这是FEMA提供的有关个人、家人和社区如何做好应急准备最完备的信息资料，详细列出了民众和各类组织应对自然灾害、技术事故和恐怖袭击等突发事件的应急准备和编制预案的基本步骤。该指南在2004年8月曾进行更新和升级，从而确保不断为公众和基层社区提供最新和最全面的应急准备信息。FEMA的网站还专门介绍了社区应急小组志愿者的招募、组织、培训和其他相关的内容。

全民动员、全民防卫是新加坡应急管理的最大特色之一。新加坡政府在全国推广《社区安全和安保计划》，并通过参与社区计划，同社会各阶层民众和社会团体进行交流，研究如何在突发事件发生之前，加强国人应对灾害和恐怖主义威胁的思想准备，同时避免多元种族及多元宗教的新加坡在遭受灾害之后出现族群关系紧张的局面。

（二）志愿者有序参与应急管理的各个环节

在长期的应急管理实践中，许多发达国家形成了数量庞大的志愿者队伍，依据有关法律法规和非正式制度参与到应急准备、应急救援、灾后重建等各个环节之中，表现出响应及时、弹性灵活、人性关怀等优势，对政府的应急管理行为形成有益的补充。

志愿者的义务工作是德国救助体系的支柱和基础。据统计，德国参加志愿者工作（如参加技术救援署、红十字会等）的人数占全国总人数的5%～10%，有130万名现役支援消防队员，其中包括5个大的志愿者组织的50万名义务工作者以及联邦技术救援署的近8万名支援工作者。德国还颁布了《联邦技术救援志愿者法》，为志愿者参与应急管理提供法律保障。在美国应对卡特里娜飓风的过程中，美国政府反应迟缓、救灾不力，受到民众指责，但是志愿者队伍在应对过程中发挥了重要作用，有14 000名自由军团志愿者在全国各地参与支持应急响应和恢复工作，有来自41个州超过9000人的北美传教团等宗教组织志愿者活跃在应急救援的第一线，平时分散的志愿者组织在应急管理中有效地组织起来，有序地参与了应急救援和恢复重建。澳大利亚也拥有十分强大的志愿者组织，2002年，澳大利亚有18岁以上的志愿者440万人，占澳大利亚全国同龄人口的32%，2005年，这一比例达到近40%。

日本志愿者参与救灾行动始于1995年阪神大地震。据统计，地震发生后，日本全国的社会捐款额达1800亿日元，全部交给地方的共同募金会，用于对死亡者或下落不明者亲属的慰问费、对震灾造成房屋全部损毁或半损毁家庭的慰问费、受灾儿童学生教育补助金、住房补助金等。阪神大地震以后，日本吸取了当时地震灾害现场拥塞了很多志愿者导致秩序混乱的教训，建立了新的社会有序参与和动员机制，确保志愿者能有效、有序地参与救援工作。目前，日本的防灾减灾和应急管理非常强调通过建立全社会共同参与的制度平台，明确各种防灾工作流程和制度来提高自救互救的比例。

（三）非政府组织在应急管理中发挥重要作用

非政府组织的行动通常是本地救灾的最快捷、最有效的方式。西方发达国家中参与应急管理的非政府组织数量庞大，通过国家有关立法或政策的引导，形成了较为成熟的有序参与机制。各类基金会、志愿者组织、社区等在应急准备与宣传、自救与互救的开展、恢复重建的资金筹集、专业人员储备等方面均发挥着不可替代的作用，为应急管理提供了有力的社会支持与保障。

美国十分重视对应急领域的非政府组织的管理和引导。1970 年 7 月 15 日，美国成立了“全国灾害志愿行动组织”（National Voluntary Organizations Active in Disaster，NVOAD），对其下辖的 30 多个从事应急管理的非政府组织进行整合，以免任务重叠、资源浪费。美国还特别注重发挥红十字会、红新月会、救世军等慈善性非政府组织在应急管理工作中的作用。2001 年“9·11”事件发生后，美国红十字会第一时间参与灾难救援工作，并成为民众参与救援的重要平台。2008 年 1 月颁布的《国家应急框架》，把美国红十字会与全国灾害志愿行动组织正式指定为支援国家应急响应功能的力量。

在俄罗斯，宗教团体、慈善机构等各种非政府组织在应急处置和救援中也发挥着非常独特而重要的作用。例如，东正教教会在俄罗斯应急管理中具有不可替代的作用：在精神救助方面，教会人员深入医院，给受害者讲解东正教经典中关于生、老、病、死的教义，使那些心灵上和肉体上受到巨大伤害的人在一定程度上减轻痛苦，重新看到生的希望；在物质方面，教会可以为那些受害者提供资金支持，2004 年 9 月别斯兰人质事件发生后，莫斯科的教会拿出 150 多万卢布慈善资金，救助在莫斯科各大医院治疗的受害者。

在日常以及突发事件发生后的紧急时期，新加坡各种社会团体和私人部门也积极参与安全意识、应急技能宣传以及抢险救灾工作。大批社区基层领袖、志愿者和活跃居民充实在人民协会、市镇理事会、社区发展理事会的各个系统，承担起这些部门的工作，甚至是负责组织管理工作，而一些专职工作人员往往是被领导者角色。志愿者是新加坡社会团体最大的人力资源。据统计，新加坡志愿服务组织的专职人员与志愿者的比例为 1∶40～1∶20，如新加坡人民协会有专职雇员 1500 人，稳定的志愿者超过 30 000 人。每个选区的民众俱乐部通常只有 5～8 名专职人员，却有能力组织起数量众多、质量一流的各种族活动，以及妇女、青年人、老年人等参加的各种活动，依靠的就是大量的高素质志愿者。

（四）私人部门积极履行应急管理职责

在许多发达资本主义国家，私人部门是社会经济正常运行的支柱，私人部门的应急能力高低在很大程度上决定了国家的整体风险防范和应急管理能力。西方国家越来越重视私人部门的风险防范，通过编制业务持续管理规划等方法，引导私人部门控制风险，有效遏制突发事件的发生和发展，保证企业自身处置和应对突发事件的能力。私人部门不仅日益重视业务持续运行管理，控制自身风险，还在突发事件发生后积极参与应急救援和灾后重建。

在美国，工商界等私人部门吸纳了社会大部分的就业人员，拥有全国85%的关键基础设施，提供社会正常运转所必不可少的各种产品和服务，特别是私人部门中的建筑、化工、重型机械制造等行业发挥着非常重要的作用。因此，正如美国“9·11”事件独立调查报告所指出的，“私人部门的应急准备不是一种奢侈，在后‘9·11’时代是商业运行所必须付出的代价；私人部门应急准备不力，将导致生命财产安全和国家安全受到严重的威胁”。为提高私人部门的应急准备水平，2000年，纽约应急办组织开展“公私合作应急规划项目”（Public-Private Emergency Planning Initiative，PEPI），以加强应急准备中公共部门与私营部门之间的通力合作，提高城市应对突发事件的能力。在“9·11”事件发生后，纽约应急办通过与商业界的积极互动，发展出信息服务、信息共享、灾害现场准入、应急协调中心等子项目，更好地帮助私人部门有效避免或减少突发事件的冲击。

在日本企业要按照要求建立自己的自卫消防队等应急救援力量，制定应急规划，编写应急手册，储备必要的应急物资和装备，进行应急演练，并与市民防灾组织合作。日本“3·11”地震发生后，许多商店免费向路人提供食品，有条件的企业开放场地为难民免费提供住宿，汽车企业联盟自发地派出技术工人为受灾的居民免费提供修车服务。行业协会也要求企业必须参与应急管理。

从国外经验与发展趋势来看，在应急管理过程中，重视政府、企业、社团组织、公众等多元主体的积极参与，已经成为国外应急管理中较为成熟的核心理念，这一经验值得我国政府的积极借鉴和实践。首先，充分发挥市场机制，制定鼓励和引导社会力量参与救援的保险、税收、资助等方面的制度和措施。目前，中国红十字会已发展到7万多个基层组织，近2000万个会员，31万多名志愿者；中国慈善总会组织的团体会员已由1974年的几家发展成为2012年的137家。有效调动这些组织的积极参与或形成有效的合作制度将极大地提高全社会参与应急管理的效率。其次，授予公用企事业单位必要的应急处置权，确保其“第一响应”，提高效率。最后，制定和实施国家财政支持的巨灾保险制度。构建“以救助为底线、以保险为核心、以捐赠为补充”的混合型灾害保障机制。这些举措将大大调动全社会力量参与应急管理并在机制方面有所创新和突破。

六、应急法制体系比较完善、依法开展应急管理

法制是应急管理体系的重要组成部分，是开展突发事件应对活动的依据和保障。许多国家制定了统一的紧急状态法，并针对各种具体的紧急情况制定了各类单行法，或由行政机关制定紧急状态基本法的实施细则，依法开展应急管理。

（一）建立了完善的应急法制体系

西方发达国家高度重视突发事件应对法律体系建设。美、日、俄、英、意、加等许多国家，都相继建立起了以宪法和紧急状态法为基础、以应急专门法律法规为主体的一整套应急法律制度。在英、美、日、俄等发达国家，这一系列法律的形成与确立赋予国家、社会以及相关责任方以相应的责权，在面临突发事件时使应急管理形成最大的社会合力，为顺利度过危机提供了法律保障。

美国已经形成了以联邦法、联邦条例、行政命令、规程和标准为主体的法律体系，涉及的范围既包括防灾减灾和应急处置等，也包括紧急状态宣布等。

日本已经基本形成一个以《灾害对策基本法》为龙头的相当完善的庞大防灾减灾法律体系，为防灾减灾工作的有效实施提供了重要的制度保障。据统计，截至 2012 年，日本以《灾害对策基本法》为骨干，共制定有关防灾减灾和救灾的法律 53 部。

俄罗斯的应急法律体系相当完善。在《宪法》和《紧急状态法》的基础上，俄罗斯制定了《联邦紧急状态法》《联邦战时状态法》《联邦反恐怖活动法》等 100 余部配套的联邦法律、法规和大量总统令、政府令。《紧急状态法》启动以后即成为“小宪法”，在其统领之下又有很多具体的部门法规。俄罗斯应急管理法律体系共包括 150 部联邦法律和规章、1500 个区域性条例，以及数百个联邦应急管理部门发布的内部命令。

在应对突发事件发生时，各国有针对性、连续性和系统性的法律作为管理依据，政府、社会、公民以及其他相关方可以根据具体规定进行管理和处置。例如，日本从 19 世纪 80 年代的《备荒储备法》到现在的《灾害对策基本法》，都明确了政府、公共事业单位、公民等的权利与责任。美国从 20 世纪 50 年代的《斯坦福法案》到现在的《联邦应急计划》，应急法制体系都具有鲜明的针对性、系统性，这既有对一般紧急事件的处理，也有对重大灾难的发布与处理，同时规定了政府、相关组织与公民的权利与义务。

（二）应急法律在充分授权和约束公权力之间实现平衡

应急法律的主要任务是明确紧急状态下的特殊行政程序的规范，对紧急状态下行政越权和滥用权力进行监督并对权利救济做出具体规定，从而使应急管理逐

步走向规范化、制度化和法制化轨道。世界各主要国家的立法都授予政府充分的权力，以及时有效地控制和消除重大突发事件造成的影响。例如，1976 年美国国会通过的《国家紧急状态法》，是美国影响最大的应对突发事件的综合性法律。该法对紧急状态的宣布程序、实施过程、终止方式、紧急状态期限以及紧急状态期间的权力等做出了详细的规定。根据《国家紧急状态法》，当出现联邦法规定的可宣布紧急状态的情况时，美国总统有权宣布全国进入紧急状态。在紧急状态期间，总统可以为行使特别权力颁布一些法规。

在充分授权的同时，为减少紧急状态下的特殊权力被政府滥用和侵犯公民权利的情况，各国应急法律又对其行使规定了必要的程序限制，强化了立法机关、司法机关和社会公众对政府的监督，并明确规定某些公民权利在任何情况下都不得被限制或终止。此外，由于应急管理工作离不开公众的支持与配合，世界各主要国家的立法在重视保护公民权利的同时也对公民应当履行的义务做了明确规定。例如，《俄罗斯联邦紧急状态法》包括总则、实行紧急状态的情形和方式、紧急状态下采取措施和临时限制、保障紧急状态制度的力量和手段、对紧急状态地区的特别管理、紧急状态下公民的权利保障及公民和公职人员的责任、最后条款共 7 章 43 条，较好地实现了紧急状态授权和公权力约束之间的平衡。

（三）表现出动态化和专门化的发展趋势

进入 21 世纪以来，随着突发事件的发生频率加快、规模扩大、影响加大、国际化程度提高，美国、加拿大、俄罗斯、英国、澳大利亚等国家都根据本国所面临的实际威胁和危害，制定或修改了紧急状态的专门法律制度。“9·11”事件发生后，美国采取了一系列的措施来预防和打击可能发生在本土的恐怖袭击，并通过立法的形式加强反恐保障。2001 年 10 月 26 日，小布什总统签署《美国爱国者法案》（USA Patriot Act）以防止恐怖主义，扩大了美国警察机关的权限。2002 年 11 月，美国制定《国土安全法》，宣布成立国土安全部。日本的《灾害对策基本法》自 1961 年颁布实施以来，中央防灾会议根据实际应用中遇到的各种问题，特别是在经历了各种实际灾害应对时获得的宝贵经验教训的基础上，进行了不同程度的修改，迄今已经修改 23 次。

近些年由于突发事件的频发性与复杂性，发达国家在完善法律法规体系方面日趋专门化、细分化，为不同性质的突发事件提供了更具针对性的应急管理法律法规。其中，美国是一个典型的代表。1988 年的《斯塔福法案》不只针对自然灾害的应急管理，同时加入了人为或技术原因导致灾难的应急管理。“9·11”事件发生以后，美国围绕反恐进行一系列的应急管理立法。

从法律所针对的不同灾害对象来看，日本的应急管理法律覆盖自然灾害、事故灾难、公共卫生等不同类型的突发事件。在地震方面，日本比较重要的立法有

1969 年通过的《地震预知联络会设计法》和 1978 年通过的《大规模地震对策特别措施法》等。在国家安全方面，2003 年 6 月 6 日，日本参议院通过了《应对武力攻击事态法案》、《安全保障会议设置法修正案》和《自卫队法修正案》等 3 项“有事相关法案”。作为上述法律的补充，日本众参两院又在 2004 年 5 月 20 日和 6 月 14 日，通过了《国民保护法案》、《限制外国军用品等海上运输法案》、《自卫队修改法案》、《支援美军行动措施法案》、《特定公共设施利用法案》、《俘虏等处理法案》及《违反国际人道法行为处罚法案》等 7 个相关法案。在突发公共卫生事件方面，2001 年“9·11”事件发生后，日本于 2002 年 11 月 2 日制定了《恐怖活动对策特别措施法》，并于 2003 年 10 月 16 日重新修改；针对美国出现的炭疽病感染等新的恐怖事态，11 月 8 日日本召开相关阁僚会议，制定了对付生物化学恐怖的五条基本方针，包括加强对生物和化学制剂的管理，强化警察、自卫队、消防等有关部门的应对能力等。

根据发达国家的应急管理经验和当前应急管理的发展趋势，我国需要进一步完善应急法制体系并依法开展应急管理。严格有效的立法可以保证政府与相关部门在紧急情况下权力的合法性，做到有法可依，从而减少人、财、物的损失，尽快恢复正常的社会秩序。与此同时，建立针对性、系统性并且与之相配套的法律、法规尤其重要。首先，我国需要抓紧修订《突发事件应对法》，对应急法制体系的执法主体做出制度化安排，确保应急管理工作权责明确、规则清晰、保障有力。其次，研究制定“紧急状态应对法”“综合防灾减灾法”“群体性事件预防与应对条例”“安全生产应急管理条例”等法律法规，对应急管理动员机制、防灾减灾与应急准备、灾后恢复重建、群体性事件预防与应对等重要问题做出制度化规范。最后，对应急预案给予法制定位，对既有的应急管理机制给予固化，对目前缺位的相关制度给予规划安排，提高预案的实用性和可操作性，切实提高保障公共安全和处置突发事件的能力。

七、构建了层次分明、运转有序的预案体系

应急预案是政府组织管理、指挥协调应急资源和应急行动的整体计划和程序规范。突发事件具有较强的不确定性，因此需要根据突发事件的不同特点制定多层次的预案体系。西方各国在应急管理实践中逐步构建了层次分明、运转有序的预案体系。

（一）构建了层次分明的预案体系

美国的预案体系从 1992 年的《联邦响应预案》发展到 2004 年的《全国响应预案》，进一步发展成为 2008 年的《国家响应框架》，这一转变体现了美国应急预案体系日趋完备、走向成熟的过程。《国家响应框架》通过可扩展、自适应、柔性的协调结构来核定全国各层次应急机构和组织的角色、作用和责任，使它们

联结成一个有机整体。《国家响应框架》确立了应对突发事件的五项基本原则：建立合作伙伴关系；分级应对；灵活、可扩展、因地制宜的行动能力；统一命令和行动；随时做好行动准备，将美国应急管理的覆盖范围从各级政府机构扩大到非政府组织、私人企业等。目前，美国的预案体系分为五个层级：基本战略规划（预案总方针），全国准备框架（预案和相关管理工作的指导性文件），联邦跨部门行动预案，联邦部门行动预案，以及地方行动预案。美国总体应急预案在职责、操作概念程序等方面越来越具体、清晰，可操作性越来越强，在自身定位上也不断调整，体现了很强的适应性。

日本的应急预案习惯上被称为“防灾计划”或“防灾规划”，涉及灾害预防对策、灾害应急对策和灾后重建等各个方面，构成了日本灾害对策的工作重点之一。日本的防灾计划体系包括防灾基本计划、防灾业务规划和防灾地方计划三个层次，覆盖了一般性的指导原则到部门和地方政府的具体操作方案，相互支撑，构成了运转有效的预案体系。防灾基本计划是针对确立防灾体制、促进防灾事业发展、实现妥善和迅速的灾后恢复、推进防灾相关科研等有关防灾工作而制订的综合性、长期性计划，是全国应急管理工作的总体预案。防灾业务规划是指定的行政机构及指定的公营公司和公共机构按照防灾基本计划的要求确定的针对灾害管理各个环节和阶段的工作内容，如国土交通省、气象厅等都制订了其业务范围内的防灾计划。防灾地方计划由都道府县、市町村防灾会议或市町村行政长官负责制订，按照防灾基本计划和地方的实际情况，确定由地方防灾减灾机构应承担的减灾对策。三个层次的应急预案构成了总体指导、纵横配合、相互呼应的网络体系。

德国从联邦到州以及各级机构和企业都编制了应急预案，形成了覆盖广、数量多的预案体系。德国以《民事保护新战略》为总体预案，还有针对性地制定了相应的专项预案，如核应急计划、铁路事故应急预案、电力故障应急预案等。州和地方政府也分别制定了针对性和操作性都比较强的应急预案。总的来看，国家总体预案以规定应急管理的一般原则为主，而部门和地方政府的应急预案应尽可能以情景为导向，细化到具体的操作步骤，才可以更好地保证应急预案的实用性。

（二）应急预案以风险评估为基础

为保证应急预案的针对性和实用性，各国逐渐意识到在预案的编制过程中必须以风险评估为基础，采用科学的方法和技术分析特定的突发事件情景，在辨识和评估潜在的重大危险、事件类型、发生的可能性、发生过程、事故后果及影响严重程度的基础上，对应急管理机构与职责、人员、技术、装备、设施（备）、物资、救援行动和指挥与协调等预先做出具体安排，用以明确事前、事发、事中、事后各个环节，谁来做、怎样做、何时做以及相应的资源和策略等。例如，美国政府定期颁布《国家安全战略报告》，对美国可能遭受的各种威胁和危机进行全面评估，作为一个时期内国家安全工作的指导，并在日常的应急管理中，选择实际案例，建立各类突发事件的案例库，及时更新应急预案，并从理论总结到实践操作全方位寻求符合美国国情的解决方案。德国 2002 年 12 月 6 日通过《德国民事保护新战略》，明确由联邦和各州共同担负消除严重危险的责任，并根据危险程度和人口密度建立防止危险的分级体制。

美国在预案编制方面，由 FEMA 等部门制定了各种有关政府应急预案和企业应急预案编制的指导性文件《综合应急预案编制指南》，用来指导各州和地方的应急管理机构编制应急预案；《商业及工业应急管理指南》由 FEMA 制定，用来指导工业和商业企业制订综合性的应急方案；《危险化学品事故应急预案编制指南》由 16 个联邦机构联合制定，用来指导各州和地方政府按《应急预案和社区知情权法案》的要求制定应急预案。在应急预案评审方面，FEMA 和其他管理部门也制定了相关的指导性文件。例如，《危险化学品事故应急预案评审准则》由 16 个联邦机构联合制定，用来指导各州和地方政府评审应急预案。

（三）注重应急预案的实操演练和动态更新

应急预案是预先的行动方案，开展应急预案演练是检验应急预案实用性、应急管理机制科学性、应急管理体制合理性、应急管理法制适用性的必要途径，是提高政府应对突发事件能力、保障人民群众生命财产安全的重要手段。目前国际社会非常注重开展应急预案演练，通过总结演练工作的教训，针对应急预案演练中暴露的不足和问题，及时制定整改措施，适时修订完善相关预案，不断增强预案的实用性。部分国家还编制《应急预案管理办法》，对应急预案演练的程序、时限、总结评估等提出明确要求。德国对应急预案实行动态管理，及时组织综合演练和单项演练，提高有关应急管理部门和机构的实战技能。并且，每次演练和应急处置过程中都有专家跟踪考察，根据应急预案演练的相应情况，及时组织有关机构和专家对预案进行修改和完善。日本注意对防灾计划进行定期检查、实际演练和不断更新，不断提高防灾计划的针对性和可操作性。在每年 9 月 1 日国民“防灾日”，日本都要举行由首相和各有关大臣参加的全国性综合防灾减灾预案训练。通过防灾演练，一方面检验和修改各项防灾计划，另一方面让每位大臣、各级政府以及有关公益团体的职员熟悉防灾业务，提高应对灾害的能力。俄罗斯大力开展应急预案演练，通过模拟真实情况来查漏补缺，发现应急预案存在的问题，提出改进的对策建议。新加坡非常重视应急预案演练工作，通过实战演练来修订和完善应急预案，提高应急管理部门的预警和快速反应能力。

西方发达国家经常根据突发事件的发展态势和政府应急管理的实际情况，对应急预案的编制和运作实施动态管理。随着突发事件和外部环境的变化，应急预案因时、因地、因环境而及时修订，不断变得更加充实和完善，不断提高应急预案的准确性、科学性、指导性和可操作性。在应急预案评估和更新方面，美国建立了相应的制度，从而使得应急预案能根据经济社会发展变化、突发事件形势以及政府组织机构改革等，适时进行更新和完善。例如，在“9·11”事件发生前，美国地方政府没有针对反恐行动的准备；“9·11”事件发生后，各个市政府在属县应急管理机构的协调下修改了自己的应急预案。在面对“千年虫”的威胁时，各个市政府也全面修改自己的应急预案。在2005年应对卡特里娜飓风中，美国总统和国会发出了一系列号召，呼吁联邦政府了解各州政府和地方政府以及全美各城市应急预案的现状，国会也要求国土安全部对各州政府和75个大城市灾害和疏散预案进行调查评价。日本的防灾计划也不是一成不变的，而是根据经济社会的发展形势和灾害情况的变化，适时进行修订和完善。每一次新灾害的发生，都会暴露防灾减灾和应急管理存在的一些新问题，防灾计划也会进行相应的修改。日本在进入21世纪以后，先后六次修改了《防灾计划架构》，进一步明确了中央政府、指定公共机构、地方政府执行防灾对策的职能，并描述了灾害对策按照不同灾害类型的备灾、应急响应和灾后恢复重建过程的基本程序。

西方国家应急管理预案建设对我国的启示主要表现在以下几个方面：第一，全面性是预案的基本要求。尽管各国的预案体系规划各有差异，但是基本上都体现了横向和纵向之间的复杂网络结构，覆盖了自然灾害、事故灾难、公共卫生事件、恐怖袭击等各类紧急情况，囊括了中央到地方各级行动主体。第二，实用性是预案的灵魂。实用性很难通过设想和构思得以实现，西方国家的预案建设无一不是通过实战演练、反复修订、动态管理等方式以保证预案的针对性和实操性。第三，运转有序是预案发挥作用的根本保证。综观西方国家预案建设经验，编制预案只是预案建设的一小部分工作，更重要的工作在于如何理顺各个专项预案之间的联系，加强各个层级预案之间的衔接，使之构成一个相互呼应、运转有序的有机整体，这一目标常常是通过一个国家预案体系的顶层设计来完成的。

八、高度重视防灾减灾与应急准备文化建设

应急文化是公共安全在意识形态领域和人们思想观念上的综合反映，往往内化为人的一种较为稳定的属性，它以安全价值观为核心，包括风险防范意识、安全行为方式、自救互救意识和技能等。应急文化是应急管理软实力的综合体现，世界各国逐步认识到，提高防灾减灾意识，加强防灾减灾文化建设是应对各种灾害及突发事件、减少生命和财产损失的重要措施，将公共安全意识提高到社会文化的层次，通过各种教育、培训、应急演练和应急活动来促成应急文化在广大公

民中的孕育和积淀。

◈ 拓展阅读

改革国土安全体系的第二个部分将具有最深刻最持久的意义，那就是创建一种应急准备的文化。一种新的应急准备文化必须强调整个国家——联邦、州和地方政府，私人部门，社区以及公民个人——共同完成和承担国土安全的目标和责任。换句话说，我们的国土安全是建立在合作的基础上的。这种合作必须至少共享以下四个概念：

(1) 未来严重灾难具有不确定性；

(2) 积极主动精神的重要性；

(3) 公民和其他国土安全受益者在应急准备中的作用；

(4) 每一级政府和私人部门在创建做好应急准备的国家中的作用。

——《卡特里娜飓风调查报告》第六章“改革全国应急准备体系”

(一) 树立责任共担的意识和自救互救为主的应急理念

许多西方国家政府在防灾救灾和应急管理中发挥主导作用，但是这并不意味着大包大揽，而是强调责任共担，特别是要求普通公众树立对自身安全负责的意识和自救互救为主的应急理念。在应急事件的预防准备、突发事件发生时的应对以及灾后的恢复重建过程中，广大民众才是应急参与的主导力量。

日本的防灾减灾和应急管理体制是建立在依靠国家、社会团体和全体公众的共同努力的基础上的，强调国家、社会团体和全体公众在应急管理过程中承担不同的责任。以日本阪神大地震为例，1995 年 1 月 17 日凌晨，日本阪神地区发生 7.2 级强烈地震，数万人被埋在废墟下。地震发生后，自卫队、消防、警察等力量开展救援，市民及非政府组织也投入搜救与灭火活动中，表现出很强的抗灾救助能力。但此次救援行动中，专业救援力量只解救出 5000 余人，其他幸存者则是依靠自救与互救。

(二) 通过形式多样的宣传教育普及应急知识

日本历来重视防御自然灾害的教育和宣传工作。日本政府主要通过学校教育和社会教育两种途径来推进应急文化建设。一方面，日本各地方教育部门都参与编写应急课程教材，如《危机管理和应对手册》《防灾教育指导资料》等，将危机意识的培养渗透到国民的常规教育中，从孩子抓起；另一方面，通过杂志、录像以及互联网介绍应急知识，进行减灾知识宣传，面向公众开设各种减灾培训班，如向企业、社会机构开设消防员培训班，内容包括防火管理的一般知识、防灾人员的责任、应急设备的使用方式、综合防灾操作训练等。

美国通过加强各种形式的宣传教育来提高国民的应急防范意识，通过网络、电视、电话、广播、手机短信等方式向公民发送各种应急有关资料和讯息，还将《紧急事件处理方案》和《紧急事件家庭准备指南》等应急指导用书发给每一住户，力求做到人人知道应急，人人预防应急。

德国通过危机预防信息系统集中了互联网上所有的危机预防措施信息，集中向公众提供，面对全社会开放。日本出版了《消防白皮书》《防灾白皮书》等防灾减灾积极自救刊物，设立了固定的“灾害管理日”“灾害管理周”，每年组织“全国火灾预防运动”以及“危险品安全周”等各式各样的宣传活动日。在2003年禽流感暴发期间，新加坡政府紧急印制了100万本禽流感防治手册免费发给所有家庭，拍摄电视教育片，有效地减轻或消除民众心理上的紧张与压力。同时，新加坡注重危机的心理预防，把危机教育列为中小学生的必修课，在公众中培养和建立危机意识。俄罗斯将有关抗灾救灾知识制作成动画片，在青少年中进行教育，普及有关知识。

（三）通过实战情景的培训演练提升应急技能

德国非常重视危机管理培训，有专门的危机管理培训学院，担负着培训危机管理者的指挥能力、组织协调能力和技术救援能力的任务。德国政府则建立了三个不同层次的应急培训体系：对应急管理负责不同方面的工作人员进行专业培训；对社会各种应急志愿团体和个人开展深入的应急培训工作；对公民进行广泛的应急知识教育和培训。德国应急培训机构主要有联邦政府设立的危机管理、应急计划及民事保护研究、培训学员，以及州政府设立的不同名称的应急培训学员和培训基地。德国在明确各级政府在应急事件中的职责的基础上，强调公民自身应急素质的培养。政府部门和相关的社会组织对公众开展应急预备、应急应对、灾害恢复以及政府与应急方面相关的法律法规、政策等知识的培训；发放《突发事件预防手册》；在中小学普遍设置应急相关的教学内容；努力形成全社会重视突发事件的氛围。

救灾演练是美国应急文化建设的重要方面，每年美国都进行大量的针对自然灾害、恐怖袭击、疾病传播、核辐射等突发事件的应急演练，既有地方政府组织的小规模、历时短的，也有由联邦政府或几个州联合举办的涉及多机构、多部门的全面动员的实战演练。通过实战演练，人们更加快速地熟悉了各种灾害情况，大大提高了救灾团队的相互合作和快速反应能力。同时，组织应急实战演练，使民众做好突发事件的应急准备，对在突发事件发生时应当采取的紧急处理措施、逃生手段，灾后恢复中应当注意的程序和途径有更深层次的理解和娴熟的运用。

日本中央防灾会议专门制订年度“综合防灾演习计划”，构建综合防灾演习框架，在每年9月1日的国民“防灾日”，全国各地都要在灾害管理部门的协助下开展防灾演习。此外，日本各地设有许多免费向市民开放的防灾体验中心，日本建设了繁多的防灾博物馆、富有特色的城市防灾中心等，作为公众进行教育培训的场所，使民众亲身体验灾害发生时的情景，学习逃生方法。目前，防灾减灾培训和演练已经成为日本普通民众获得防灾知识和教育的重要途径，同时日本公众与社区的自救互救体系也不断完善。

发达国家应急文化建设的经验告诉我们，政府必须从战略上高度重视应急文化建设，倡导“以人为本”的安全理念，加大宣传力度，广泛普及公共安全和应急防护知识，加强应急管理科普宣教工作，提高社会公众维护公共安全意识和应对突发公共事件能力，在全社会形成“关爱生命、关注安全”的群众文化意识，为应急管理创造良好社会氛围。

九、充分发挥科学技术研究在应急管理中的支撑作用

（一）高度重视公共安全和应急管理的基础理论研究

西方发达国家将发展应急管理基础理论和关键技术上升到战略高度，通过科技政策引导应急管理科技的发展方向，并通过强有力的财政投入为应急管理的科技研究提供保障。

第一，战略引导。应急管理越是成熟的国家，越是注重应急技术的战略性选择。美国应急管理方面的科技政策由国家科学技术委员会负责协调制定，美国国家科学技术委员会总结出美国防灾减灾和应急管理的六大科技挑战和九个关键环节。日本十分注重灾害发生机理及灾害预防的基础科学研究，如灾害预报的研究、灾害情报传输技术的开发、灾害管理技术的开发研究等，并建立了一套完整的各种灾害的基础资料和数据库。日本从 1998 年倡议成立了亚洲减灾中心，目前已有 25 个成员方，成员方可以共享灾害信息，已成为世界重要的灾害信息收集中心之一。日本在 2006 年开始实施“第 3 个科学技术基本计划”，该计划是日本发展科技的基本指导方针，计划中提出了“以安全为荣耀的国家——实现全球最安全的国家——日本”的大政策目标以及保证国土安全、社会安全和生活安全的中政策目标。

第二，加大投入。日本的防灾减灾和应急管理事业包括防灾科学技术研究、灾害预防事业、水土保护、灾后修复四个方面。2002 年，日本政府各省厅用于防灾减灾科技研究方面的经费为 438.35 亿日元。

（二）基于高校和科研机构建设应急技术创新体系

西方国家发展应急科技研究的工作落实到全国知名高校和科研机构之中，构建具有强大创新能力的应急管理科研体系。例如，美国应急管理方面的科技创新机构涉及庞大的科研机构、大学和实验室，重视吸引多学科交叉的科技力量进行相关研究。

表 4-1 为美国国土安全部与大学共建的应急管理研究机构。

表 4-1　美国国土安全部与大学共建的应急管理研究机构

研究中心名称	组成单位	研究方向	经费/万美元
严重后果事件处理和应急研究中心	约翰·霍普金斯大学为主，其他大学参加	侧重突发事件预防、应急、响应等，进行风险评估、指挥决策、预案、基础设施保护、应急能力和传感器网络等研究	1500（2005～2008 年）
恐怖事件风险和经济国土安全分析中心	南加利福尼亚大学为主，其他大学参加	侧重社会安全，研究恐怖袭击相关事件的风险和经济分析	1200（2003～2006 年）
国外动植物疾病防护国家研究中心	田纳西 A&M 大学为主，其他大学参加	侧重公共卫生领域，研究国外动植物疾病	1800（2004～2007 年）
食品保护和防护国家研究中心	明尼苏达大学为主，其他大学参加	侧重食品安全领域，研究食品保护和防护	1500（2004～2007 年）
恐怖和反恐社会行为国家研究中心	马里兰大学为主，其他大学参加	侧重社会安全，研究恐怖活动的社会学因素及其社会影响	1200（2005～2008 年）
高级微生物风险分析研究中心	密歇根大学为主，其他大学参加	侧重生物安全，主要进行微生物相关研究及其风险性分析	1000（2005～2008 年）

资料来源：范维澄．国家突发公共事件应急管理中科学问题的思考和建议．中国科学基金，2007，(2)：71-75

俄罗斯紧急情况部拥有多所院校，其中包括沃罗涅日消防技术学校、俄罗斯国立消防学院、伊万诺沃国立消防学院、圣彼得堡国立消防学院、俄罗斯民防学院等。这些教学机构开展自然灾害、人为事故、反恐等方面的应急管理科学研究，源源不断地为紧急情况部输送大批专业人才，从而使俄罗斯预防和处理突发事件的能力得到极大加强。

日本现在已经建立起一套完整的防灾救灾科技研究体系，除了国家防灾科技研究所负责对各种灾害机理等研究外，主要大学等都设立了与防灾有关的学科和专业，学校在培养防灾专业人才的同时，也加强防灾救灾相关技术开发研究。

（三）积极推动应急管理中的新技术和新设备的开发与应用

充分利用科学技术，通过应急信息系统进行应急管理是美、日等发达国家的重要做法和基本经验。首先，应急信息系统在事发前的监测和预警中发挥重要作用。美国是高度重视信息技术的国家，在应急管理中通过集群无线网、卫星通信等设施收集灾害信息并加以分析观察，防微杜渐，有效控制灾害风险。日本的内阁情报中心负责收集整理国内外的灾害情报，同时建立了中央和地方之间的紧急通信网，强化了中央防灾无线通信系统。其次，事发中应急信息技术为解决危机、进行决策提供科学依据。对重大突发事件的信息进行及时汇总和综合研判是应急管理者做出决策的依据来源，同时也是能够顺利实现应急响应联动的保障。根据应急管理的职能要求，应急管理决策支撑体系主要包括信息化的应急联动响应系统、应急过程中事态监测系统、事故后果预测与模拟系统和应急响应专家组。为此，美国成立了国家突发事件管理系统，适用于全国各级政府的应急管理。国家突发事件管理系统的技术支持系统建立了应急响应过程中的信息联络系统、灾害信息搜集系统、地理信息系统、事故后果分析与模拟预测系统、信息披露和媒介应对系统。

近年来，随着信息全球化的快速发展，各国应急管理的信息化都有显著增强的趋势，都在强化信息化发展战略在应急管理中的关键作用与重要地位，突出表现在以下三个方面：其一，应急管理信息的网络化。在灾害发生时，专用的无线网络发挥重要作用。在日本，应急管理信息的网络化主要包括中央防灾无线网、消防防灾无线网、县市防灾无线网、市街区防灾相互通信专用无线网等多个系统。作为防灾专用网络，既防止灾害造成通信堵塞，也为日本政府收集处理信息提供高科技支撑。这些信息通信网络连接了城市的街区、学校、医院、公共场所等防灾相关机构，一旦遇到险情，可以在几分钟之内将灾害信息通知有关居民，避免引起社会恐慌。日本还建立起全国危机警报系统，直接向国民报告地震、海啸等自然灾害以及导弹袭击等突发事件信息。其二，应急管理信息的电子化。美国 FEMA 制定了“电子化”（e-FEMA）战略，利用信息技术在电子政务框架下构建信息技术基础设施，以提高政府部门的应急能力和效率。目前，FEMA 已建成包括国家应急管理信息系统、灾害拨款管理系统、灾害采购系统、地图服务中心系统、通用地理信息系统、非灾害拨款管理系统、人力资源系统等在内的多个通用分布式应用系统。信息技术的应用大大提高了 FEMA 保护民众生命和财产安全的水平，提升了 FEMA 实现核心业务的能力。2011 年 1 月，美国联邦通信委员会决定统一标准，采用支持漫游和互操作通信的下一代无线网络技术，部署全国稳定、专用、安全、互操作的公共安全网络，确保重大突发事件发生后警察、消防队员以及其他应急救援人员能利用通用技术平台及时获得信息，公共安全领域的宽带用户能跨部门、跨地区分享视频、图片和电子邮件等信息。其三，应急管理信息的媒介化。随着新媒体技术的发展，尤其是 Twitter、Facebook 等社交媒体的广泛应用（由于其传播速度快、参与性广、互动性强的特点），在突发事件发生后，应急管理若充分利用其特点将大大提高效率与效果。美国建立了一个以手机短信为发送渠道的预警系统，在发生恐怖袭击或重大自然灾害时及时向民众发布预警短信。美国波特兰市应急办 2010 年开发了一套基于网络的一站式资源系统，通过电话、手机、电子邮件等方式定期发布道路状况、街道禁行、交通时刻、气象警报等信息。日本在《灾害对策基本法》中明确规定日本放送协会属于国家指定的防灾公共机构，从法律上确立了公共电视台在国家防灾体制中的地位。

从国外经验与发展趋势来看，在应急管理过程中，充分利用科学技术，加强应急信息技术管理对我国的应急管理具有重要的启示意义。在突发事件中，科技信息化不仅需要建立专门的灾害数据库、为决策提供科学依据，还需要构建信息网络化、电子化、媒介化，进行信息资源共享以及与媒体进行有效沟通，形成较为完备和发达的信息系统和媒介的积极介入，进一步提高信息技术在应急管理中的地位与作用。

第五章

中国突发事件的应急体系顶层设计

面对公共安全的风险挑战和国内外应急管理的发展态势，加强应急管理越来越成为全面履行政府职责的重要体现、创新社会管理的重要内容、人民群众的重要期盼和经济社会持续健康发展的重要支撑。

应急管理的顶层设计主要是指应急管理的基本理念和愿景目标，组织架构和运行机制以及政策措施。为应对当前严峻的公共安全形势、维护和提高政府的执政能力与公信力，有必要在对既有体系缺陷反思和国外先进经验总结的基础上，站在国家层面的战略高度，认真总结我国近年来的应急管理经验教训，学习国外先进的应急管理理念，进行自上而下的系统规划，加强顶层设计和模式重构，并在重点领域取得突破，降低既有应急管理体系的系统脆弱性和结构性缺陷。

在顶层设计中，主要基于以下考虑。

（1）要充分总结我国应急管理的经验教训，充分尊重各地、各部门的实践创新和经验，使应急管理具有中国特色。

（2）要有利于政府全面履行职能，特别是加强社会管理和公共服务的职能。

（3）要坚持改革创新，并结合行政管理体制改革进行通盘考虑，增强系统性、整体性与协同性。

（4）要处理好中央与地方、综合机构与专业部门、政府与非政府组织之间的关系。

（5）要充分尊重各地、各部门的创新、经验和做法。

（6）要充分借鉴世界各国和地区的成功经验，为我所用。

我国公共安全与应急管理体系建设的总体思路是：以科学发展观为指导，以服务全面建成小康社会为宗旨，以保障人民生命财产安全为根本，以做好预防和应急准备为主线，以提高应对突发事件的能力和效率为核心，建设以人为本，依法应对，科技支撑，全灾种、全过程、全方位、全社会的具有中国特色和时代特征的公共安全与应急管理体系。

在体制上，按照党委领导、政府主导、部门履责、社会协同、公众参与、法制保障的格局，建立统一、权威、高效、综合的公共安全与应急管理体制。成立国家公共安全与应急管理的领导机构，统一领导、统筹协调自然灾害、事故灾难、公共卫生、社会安全等各类重特大突发事件的应对工作，使危机应对和准备工作更加充分、更有权威、更加高效统一。同时建议加强国家公共安全与应急管理办公室的建设，使之成为国家公共安全与应急管理领导机构的常设办事机构。在应急管理战略上，从举国救灾向举国减灾转变；从以事件为中心向以风险为中心转变，而且要立足大灾、巨灾和危机；从不惜一切代价应急处置向千方百计做好应急准备转变，并力求全力施救、科学施救。此外，建议进一步完善党政之间、军地之间、条块之间、部门之间的应急联动、信息共享和统筹共建，进一步理顺国防动员与应急动员之间的衔接机制；构建灾后的独立调查评估改进机制，建立健全重大决策社会稳定风险评估机制，提高各级政府危机管理水平；抓紧修订《突发事件应对法》和有关法规，使突发事件的预防与应急准备、监测与预警、处置与救援、恢复与重建工作常态化、基层化、社会化、科学化、有序化、法制化，切实提高保障公共安全和处置突发事件的能力；构建情景清晰、层次分明、实操有效的应急预案体系；全面推动全社会的安全文化建设，提高全民的忧患意识和自救互救能力。

第一节　构建统一、高效、权威的公共安全与应急管理体制

为进一步完善应急管理的组织体系，有必要在反思现行体制缺陷及总结归纳地方省、市与西方发达国家成功经验的基础上，进一步完善我国公共安全与应急管理行政体制架构——建立统一、高效、权威的国家公共安全与应急管理体制，切实落实“分级负责，属地为主”的应急管理原则。

一、成立国家公共安全与应急管理领导机构及其办公室

（1）成立统一、高效、权威的国家公共安全与应急管理的领导机构，统一领导、统筹协调自然灾害、事故灾难、公共卫生、社会安全等各类重特大突发事件的应对工作，使危机应对和准备工作更加充分、更有权威、更加高效统一。

（2）加强国家公共安全与应急管理领导机构的办公室建设，使之成为国家公共安全与应急管理领导机构的常设办事机构，由国务院秘书长担任办公室主任，并由一位副秘书长担任专职副主任，切实提高综合应急管理机构的权威性、协调性，赋予其“综合协调，参谋助手，应急准备，值守督导”的职责，发挥好运转

枢纽的关键作用。

充分依靠和发挥各专业部门的作用，专业部门与专业队伍要做强，做到“召之即来、来之能战、战之必胜”。加强全国防汛机动抢险队、抗旱服务队伍建设；加快矿山救护、危化救援、公路水路抢通、水上搜救、核生化救援、铁路救援、海上溢油救援、通信保障、电力抢险、卫生防疫、医疗救治、动植物疫情防控等行业应急救援专业队伍建设；加强紧急医疗救护、大规模传染病控制、中毒处置、核与辐射损伤处置等能力建设；加强航空应急救援队伍体系建设。

综合应急管理机构与综合应急队伍要做实，使应急资源要“备得齐、找得到、调得快、用得好”。各级人民政府的综合应急管理机构要总体上把握应急资源的合理布局，充分利用军地存量资源，挖掘潜力，提高效率，实现资源共享，促进各地区和各行业信息、队伍、装备、物资等方面的有机整合，避免重复建设。各级人民政府依托公安消防队伍及其他优势专业应急救援队伍，建设“一专多能”的综合性应急救援队伍，通过细化队伍职责，加强与专业队伍互动演练，提高综合队伍与专业队伍的融合互补，切实提高队伍综合应急能力。

二、完善“分级负责、属地管理为主”的应急管理体制

1. 分级负责，重心下移

我国目前主要基于突发公共事件的客观属性（伤亡人数、经济损失等）开展事件响应分类的方法不尽合理，应该遵循“能力本位”和“重心下移”两个基本原则，使省、市、县政府对本地的公共安全和社会稳定负有直接责任。大部分的突发公共事件都应当主要依靠本级政府的力量来解决；超出地方政府应对能力的，才由上一级政府介入。

按照《突发事件应对法》中规定的“分级负责”应急管理体制，将防灾减灾、应急准备与应急处置等应急管理全过程的主体责任逐层落实：国务院主要处置超出省级政府处置能力的重特大突发事件和区域性突发事件；强化地方政府“属地管理、就地消化”的能力，地方政府要确保国家法律法规、中央的方针政策的有效落实，要积极主动地快速、有效、妥善应对突发事件，切实提高基层的应急准备水平和第一响应者的应急能力。

2. 属地管理为主

《突发事件应对法》中明确规定了应急处置的“属地管理为主”原则。然而在我国近年来的突发公共事件处置中，过度依赖行政高压和应急指挥权上移却成为一个普遍现象和“基本经验”。在国外，高位行政介入经常是作为初期处置不力前提下的一个被动式补救措施，一旦将其作为基本经验加以提倡和推广，很可能导致基层应急主体消极作为，形成“做、等、靠、要”的不良风气。

为切实落实“属地管理为主”原则，建议在总结反思的基础之上，明确针对“属地管理为主”进行制度化安排；此外，依据各地能力水平，开展应急管理信息化体系建设。信息化平台是现场应急指挥的拓展与延伸，将有效解决“高级领导重视”与“属地处置为主”之间的矛盾。

三、加强应急管理机制与国防动员机制的有效衔接

进一步加强军地合作，充分发挥人民解放军、武警部队在处置重大突发事件中的突击骨干作用。重点加强特警、消防特勤和边防机动部队建设，强化防暴、攻击防护、抢险救援等装备配备，开展实兵实装演练，建立完善协调联动机制，全面提高队伍应急处突、反恐维稳和专业救援能力。推进武警森林、水电、交通部队建设。加强国家、省、市、县四级武警反恐力量建设，有效整合反恐作战力量。推进军队应急队伍与政府有关部门的联建、联管、联用机制建设，提高军队国家级应急专业力量建设和保障水平。加强应急管理机制与国防动员机制的衔接，将国防动员应急力量纳入国家应急体系，平时应急、战时应战，确保国家安全和社会稳定。

第二节 贯彻推行以应急准备为核心的综合应急管理理念

应急管理是针对各类突发事件，从预防准备、监测预警、处置救援到恢复重建的全方位、全过程的管理。针对突发事件日益复杂多变、损失日益严重的发展趋势，有必要借鉴国内外先进经验，贯彻推行以人为本，依法应对，全灾种、全过程、全方位、全社会的综合应急管理理念。

以人为本是科学发展观的核心，在应急管理的各个环节，无论是应急准备、应急响应还是恢复重建，都“必须把实现好、维护好、发展好广大人民群众根本利益作为一切工作的出发点和落脚点”。“以人为本”应该是应急管理工作与应急体系建设的“纲”，纲举目张。

伴随着社会的快速发展，四大类突发事件的关联性逐步增强，甚至相互耦合交叉，很难再采取单一部门应对的方式进行有效处置。此外，在灾害处置、救援及恢复等方面，各类事件存在许多共性，由此建议逐步推行全灾种综合应急管理的理念。“预防准备—监测预警—处置救援—恢复重建”是一个有机的应急管理周期过程，必须调整过去“重处置、轻预防”“重应对、轻规划”的管理思路，切实重视减灾规划、切实重视应急准备、切实重视应急的全过程管理。灾害管理是一项复杂的系统工程，必须综合自然、工程、社会、人文等各领域的专业知识，有效地调动海、陆、空等全方位的救援力量，健全专业队伍、公安、武警、

志愿者队伍等多层面的应急队伍体系，且有必要加强各业务部门之间的协调联动能力。在新时期的应急管理过程中，必须尊重人民的主体地位，改变过去政府单一应对的模式，进一步明确政府、企业、社会组织和公民的责任与义务，提高全社会保障公共安全和处置突发事件的能力。应急管理是个复杂的、开放的系统工程，应当树立大安全观、统筹观、系统观。

一、构建国家重大突发事件（巨灾）情景

应急管理最重要的任务是不断地做好准备，包括思想准备、组织准备、预案准备、机制准备和工作准备。在战略上，由政府统揽向政府主导、社会协同、公众参与转变；从举国救灾向举国减灾转变；从以事件为中心向以风险为中心转变，而且要立足大灾、巨灾和危机；从不惜一切代价应急处置向千方百计做好应急准备，全力施救、科学施救转变。

按照底线思维的方法，立足于应对大灾、巨灾和危机。按照"服务决策、适度超前"的原则，构建以"愿景—情景—任务—能力"为核心的国家应急准备基础工作。凝练未来十年我国应急管理的主要工作目标，分析提出未来一个时期我国应急管理工作的优先发展领域，进而提出我国的应急准备愿景；构建国家重大突发事件（巨灾）情景来引领和支持应急准备工作。统一的应急准备情景，可以有序地推进和引导我国应急管理的发展，促进我国应急管理规划、应急预案修订，为应急培训演练提供具有一致性的指导，进而从本质上提高我国的应急准备能力水平。

二、完善社会力量参与应急管理的动员机制

在应急管理过程中，重视政府、企业、社团组织、公众等多主体的全社会参与，已经成为国外应急管理组织的重要核心理念。由政府统揽向政府主导、社会协同、公众参与转变，将是社会进步的必然结果。

社会组织可以成为沟通政府与群众之间的桥梁，可以及时疏导社会不良情绪，又可以协助政府进行社会管理和紧急救助，且容易产生亲和力及得到公众的积极响应与配合。建议综合应急管理部门与相应社会组织签订协议，授予其参与处置相关紧急事务的权力，政府则可以从矛盾的焦点和旋涡中脱身出来，更好地进行全局性的指挥和调度。建议在应急管理法制体系完善过程中，明确企业、社团组织、公众个人在应急管理过程中的角色与地位，阐述多元主体的责任与义务。

（1）建立健全社会力量全过程参与应急管理的长效机制。鼓励非政府组织积极、有序地参与应急管理，构建公立慈善基金，成立非政府志愿者团体，鼓励和引导社会力量参与救援的保险、税收、资助等方面的扶持措施。

(2) 强化“第一响应人”和先期处置，授予相关企事业单位必要的应急处置权。明确规定突发事件发生后，供水、供电、供热、公共交通等领域的公共企事业单位，可以依据相关决定、命令，在其经营、管理的范围内实施应急处置，确保其能够依法开展相应的应对活动。

(3) 发挥市场机制的作用，建立综合灾害风险分担机制（包括巨灾保险机制）。以救助为底线、以保险为核心、以捐赠为补充的混合型灾害保障机制是多数发达国家的共同选择。尽管受制于国民支付能力和保险市场的发育程度，我国难以在短期内实现各主要灾种的普遍投保，但这不应影响将保险作为主要出路的政策选择，有必要在法律中规定设立国家巨灾保险基金，建立再保险制度，鼓励企业开发巨灾保险。

第三节　完善和规范中国公共安全与应急管理法制体系

目前，我国已建立起以《突发事件应对法》为核心、大量单行法、行政法规、行政规章、应急预案等并存的应急管理制度体系，为依法实施应急管理提供了制度保障。但仍存在一些问题：首先，应急制度体系依然系统性较弱，《突发事件应对法》的完整性不足，特定类型突发事件的单行法不够全面；其次，缺乏权威性的应急管理常设机构作为执法主体；最后，应急法律体系缺乏具体的配套制度和实施细则，可操作性不强。建议抓紧修订《突发事件应对法》，且尽快起草“综合防灾减灾法”“灾害恢复与重建法”“灾害保险法”“群体性事件预防与应对条例”“社会风险评估与管理条例”“安全生产应急管理条例”等法律法规，对应急管理动员机制、防灾减灾与应急准备、灾后恢复重建、应急指挥体系规范、预警信息发布制度、巨灾保险机制、群体性事件预防与应对、社会稳定风险评估等重要问题做出系统的制度化规范。

一、对中国应急法制的执法主体做出制度化安排

《突发事件应对法》将各级政府确定为应急管理的领导机关，初步解决了各部门间的“条条分割”问题，但仍未能实现党、政、军应急力量的统一指挥。为进一步完善应急管理的组织体系，有必要在修订《突发事件应对法》时对我国的应急体制做出法制化安排。如前所述，建议从国家层面到地方层面设立公共安全应急管理委员会，且将各级公共安全应急管理委员会作为本行政区域内应对突发事件的最高领导机构，负责本行政区域内应急管理的决策和指挥。为了保障这一目标的实现，应当对“属地管理”原则给予进一步明确和定位，赋予对突发事件应对工作负有统一领导职责的相应级别公共安全应急管理委员会在紧急情况下有

指挥本行政区域相关应急资源与队伍的权力，确保在第一时间实现对突发事件的先期处置。此外，建议明确各级公共安全应急管理办公室的职权，使之专职化、实权化、常态化，成为能够调度专业救援队伍和应急资源的日常应急事务管理机构，包括：①在日常状态下，具体履行各级政府在危机预防和应急准备中的主要职能，并监督、指导、协调、推进各政府部门的危机预防和应急准备工作；②在发生突发事件时，充当公共安全应急管理委员会的办事机构，保证公共安全应急管理委员会指挥和决策的顺畅；③在应急处置结束后，负责协调各项恢复重建工作，并协同政协开展对事件原因和处置过程的调查评估；④管理本行政区域的突发事件信息系统，保证突发事件信息在收集、传输、共享、处理各环节的全面、准确、畅通。

二、制定保障各项应急准备工作落实的法制措施

经过多年的应急管理实践，国际上已经逐步将应急管理的关口前移。建议在应急管理法制体系完善的过程中，对应急准备工作给予制度化规范。

设立应急专项准备资金，明确规定资金的筹集渠道和到位方法，并重点确保应急物资储备、应急队伍建设、应急设施设备配置、宣教演练等应急准备活动的日常开支。

依托公安消防队伍建立综合应急救援队伍，以此为基础整合掌握在不同政府部门中的救援资源。鼓励建设多种形式的应急救援队伍建设，如成年志愿者组成的应急救援队伍、救援俱乐部、救援企业等。

规定应急物资储备的目录储备和生产能力储备，并根据不同的储备方式规定相应的监管措施。

建议制定全国防灾减灾日，培育公众对灾难的忧患意识，增强面对突发事件时的自救互救能力。规定在防灾减灾日，各地政府根据当地所面临的主要灾害类型，组织公众进行应急演练；学校集中进行公共安全知识教育；公共媒体集中进行防灾减灾的公益性宣传；政府有关部门应当将一年来防灾减灾工作的情况形成报告并向社会公开。此外，还应对日常应急宣教、培训与演练做出更加细致和更具强制性的规定。

三、对事后恢复重建中的重要问题做出制度安排

在预防、准备、响应、恢复四个应急管理阶段中，恢复虽是最后一个阶段，却是对灾害进行调查评估、总结经验教训、实施科学规划，实现未来阶段防灾减灾的一个关键时期，因此有必要在我国的应急法律体系中对恢复重建中的核心问题给予明确的制度化规范。

对恢复重建中中央政府和地方政府的职责进行界定，建立相对合理的中央和

地方分担机制，将现有对受灾地区的对口支援机制从法律上明确下来。

对损失评估、重建规划、补偿、安置、救助、抚恤等涉及公众重大利益的事项规定指导性原则，设计能够充分照顾受影响群众实际需求的决策程序，同时强调政府的安置、救助等政策以确保受灾群众的基本生活，以辅助其开展自救为限度，不宜过多承担损失弥补功能。另外，在现有恢复重建措施的基础上，还应补充规定对受灾群众的心理干预机制。

四、完善中国既有的预警信息发布机制

预警是应急准备与应急响应过程中的重要连接部分，国内外应急管理的理论与实践表明，预警的主要功能不仅在于风险告知，更重要的是启动与风险相匹配的行动。

在“十一五”期间，我国依托气象部门已有业务系统规划建设了国家突发事件预警信息发布系统一期工程，建设了国家、部分省市和市县预警信息发布平台及流程，提升了突发事件预警信息发布能力。但预警信息覆盖存在“盲区”、信息快速发布传播机制不完善等问题仍比较突出。

预警不等于警报，预警是警报与行动的总和，即完整的预警应该是将灾害信息通过多种渠道进行警报发布，且确保应急管理系统和公众或特定人群做出应对灾害的响应行动。预警的核心内容在于响应行动，但是现在所理解的预警往往局限于警报。“12·23”重庆开县含硫油气泄漏、“6·27”白鹤滩地质灾害、“7·21”北京特大暴雨地质灾害均暴露了我国应急体系中的预警机制存在的缺陷与不足。

预警必须做出相应的制度化安排，使之成为应急预案的重要组成内容，预案中需要明确规定不同预警级别，相应参与部门和公众应该做出相应的反应。例如，发布橙色预警后，应急指挥系统立即启动，相关单位与人员进入一线，在紧急情况下可采取局部城区交通管制、重点目标防护、告知公众回避风险，甚至有权取消人员聚集场所重大活动（如球赛、演唱会等）、动员和组织公众力量做好应急抢险准备。

第四节　构建实用有效的应急预案体系

建议对我国预案体系结构做出优化设计，并对预案的动态管理给予制度化安排。

一、对中国预案体系结构做出优化设计

当前我国应急预案体系建设主要应考量三个问题：首先是如何设定我国预案

体系发展愿景目标；其次是怎样充分应用好现有的存量资源继承发展；最后才是如何有计划地分步实施。

按照系统论思想和应急管理的实际需求，建议将我国应急预案体系整体划分为三个层次：国家总体预案与行动预案；地方政府综合应急行动预案；企事业单位及社区的行动预案。

虽然这三类预案都是基于应对各类突发事件情景，但针对事件的影响范围、严重程度和复杂性有很大差别，这些差别具体表现在每类应急预案的目标、结构和内容等所具有的不同特征上。在各级应急预案系统中都可能包括战略级、行动级（概念预案和行动预案）、战术级和现场行动级四种类型预案，但由于目标职能不同而各有侧重。例如，在国家级预案中主要包括战略预案和行动预案；地方政府级也可以有战略预案，但其主体应是综合性的应急行动预案；而乡镇、社区和企事业单位的预案应主要是基于自身风险的行动预案或战术预案，而大型活动的应急预案则可视为一种特例的现场行动预案。

按照“设施分类、保护分级、监管分等”的原则，制订“国家重要基础设施和关键资源保护计划”，对需要由国家层面统筹协调的重要基础设施和关键资源的防护抓好落实。

二、对预案动态管理给予制度化安排

应急预案的生命力和有效性在于不断地更新和改进，美国在《综合准备指南101》中提出，持续改进机制是应急预案系统中一个重要组成部分，并明确要求：对应急预案不断地进行评估和改进，明确预案的制定标准，对预案的核心内容及预案的法律地位做出明确规定。建议在《突发事件应对法》的修订和国家总体预案的修订中，对预案的动态管理制度给予明确安排。

首先，应明确预案的制定标准，强调预案要结合实际情况，具备可操作性，并对预案的核心内容及预案的法律地位做出明确规定。

其次，应建立预案的演练机制。未经演练的预案等于没有预案，只有强制规定所有的预案必须经过演练和评估，才能从根本上杜绝预案抄袭重复、空泛敷衍、脱离实际、无法操作等弊端。有必要从法律上对预案演练的组织部门、演练周期、演练方式及事后评估做出详细安排。

再次，对预案的修订和完善做出明确要求。应当规定在大规模应急演练或重大突发事件处置后，预案制定机关通过总结经验教训对其加以修订、完善。同时规定预案修订的最短周期。

最后，制定措施以增强预案间的协调性。一方面，应当在预案类型中补充规定综合性预案，以应对可能发生的诸如南方雨雪冰冻灾害一样的多种类、并发式、综合性灾害；另一方面，应当规定备案审查、协同演练等方式以实现预案之间的相互衔接。

第五节　实施全民安全文化建设工程

“文化是民族的血脉，是人民的精神家园”，推动安全文化建设，是推动社会主义文化大发展、大繁荣的重要组成部分。应当大力继承和发扬中华民族几千年来形成的防灾应急文化，并使之成为社会主义文化建设的重要内容。

加强公共安全文化的宣教和培训，使公共安全知识真正进农村、进学校、进企业、进社区、进机关、进家庭，大力推动安全社区、全国综合减灾示范区建设，广泛开展全国防灾减灾日、国际减灾日、全国消防日等活动，提高社会公众防灾避险意识和公共安全文化素质。

切实提高全民族的忧患意识、风险意识，在全社会树立“自救、互救、公救”的理念，编制“全民安全文化建设纲要”。

充分发挥各种媒体、文艺团体、文艺组织的作用和优势，运用群众喜闻乐见的多种形式，形成全社会良好的公共安全氛围。

建议充分发挥专家学者的作用，整理和总结我国几千年来形成的防灾减灾和安全文化，编著出版“中华民族防灾与应急文化精选”等，使之成为社会主义文化建设的重要内容。

第六节　构建中国特色应急管理监督与评估机制

加强突发公共事件责任机制建设与创新是突发公共事件善后管理阶段的主要任务。广义的政府责任指一个完整的责任体系，在突发事件善后处理中，充分运用学习机制，吸取教训是最重要的责任。犯同样的错误是致命的，它甚至可能从根本上动摇政府的社会公信力。

美国卡特里娜飓风灾害、英国伦敦地铁爆炸事件、日本的东京地铁沙林毒气恐怖事件等，均由本国（或地区）的最高权力机构委托独立的调查委员会进行调查评估，且将调查评估报告向公众公布。此外，重大突发事件的调查评估也引导了该国（或地区）的应急管理法制、机制的调整与改革。的确，这种面向重大灾害的调查评估、自学习调整机制在我国仍不完善，没有能够对近年来发生的一系列灾害事件进行深刻反省。上海“11·15”特大火灾发生后，上海市委委托市人大、市政协开展了独立调研和评估，取得良好成效的做法值得总结推广。我国有必要探索符合我国政治体制特点的灾害调查评估机制。

《中国人民政治协商会议章程》第2条规定：“中国人民政治协商会议全国委员会和地方委员会可根据中国共产党、人民代表大会常务委员会、人民政府、民主党派、人民团体的提议，举行有各党派、团体的负责人和各族各界人士的代表参加的会议，进行协商，亦可建议上列单位将有关重要问题提交协商。民主监督是对国家宪法、法律和法规的实施，重大方针政策的贯彻执行、国家机关及其工作人员的工作，通过建议和批评进行监督。参政议政是对政治、经济、文化和社会生活中的重要问题以及人民群众普遍关心的问题，开展调查研究，反映社情民意，进行协商讨论。通过调研报告、提案、建议案或其他形式，向中国共产党和国家机关提出意见和建议。”

由此建议围绕《中华人民共和国宪法》第 71 条和《中国人民政治协商会议章程》第 2 条，充分发挥各级人大在加强应急管理中依法行使立法、修法、监督和问责的作用。全国人大及其常委会认为必要的时候，可以依据《中华人民共和国宪法》第 71 条的规定组织关于特定问题的调查委员会，并且根据调查委员会的报告，做出相应的决议。

各级政府定期向人大报告公共安全形势和重大突发事件的处置情况，并接受人大的监督。

充分发挥各级政协组织和政协委员体察民意、通达社情、真知灼见的优势，建立符合我国特色的重大突发事件调查评估机制，对重大突发事件应对的全过程进行全面客观、实事求是的评估，对提高我国应急管理能力具有重要意义。由国务院牵头处置的特别重大突发事件，应由全国人大或政协组织力量进行第三方评估。由各级政府牵头处置的重大突发事件，应由同级人大或政协组织力量进行第三方评估，通过科学、公正的评估，真正将教训转变为知识、将知识转化为制度，进而将制度落实为行动。同时，建立健全应急管理体系的绩效评价机制和利益引导机制，使各级领导树立正确的政绩观。

第七节 加强公共安全与应急管理的理论研究

建议国家科技管理部门加大支持力度，依托有关科研单位、高等院校及社会组织加强应急管理的理论研究，通过应急管理实践案例剖析，加强应急管理的实务研究；建立和完善应急管理标准体系，加快制定应急管理基础标准、行业标准和应急装备技术标准；进一步完善应急平台体系，完善指挥协调和情报信息共享机制，健全建设标准规范，加强互联互通和信息共享。

进一步加强对互联网虚拟空间和信息扩散的规律研究，分析探索虚拟社会应急管理中舆论引导的理论方法，加快开发面向微信、微博等社交网络及各种移动终端设备的信息收集、数据分析和阻断消除等技术。

大力发展应急产业。开展突发事件预防保护、监测预警、应急响应、恢复重建与指挥决策等方面的共性、关键技术及装备研发，鼓励市场提供应急产品和应急服务，将应急科技成果及时转化为应急能力。

面向国家应急管理重大需求，依托相关高校与科研机构，加强相关国家重点实验室、工程（技术）研究中心、应急管理研究基地等科技支撑条件平台建设，推进设备设施和数据资源共享。加强公共安全与应急管理的学科建设及复合型、交叉型的专门人才培养。

参 考 文 献

北京市突发事件应急委员会办公室．2012. 北京应急管理理论与实践［M］．北京：北京出版社

邓仕仑．2008. 美国应急管理体系及其启示［J］．国家行政学院学报，(3)：102-104

董泽宇．2011. 德国应急救援体系及其启示［J］．中国应急管理，(11)：51-55

范维澄．2007. 国家突发公共事件应急管理中科学问题的思考和建议［J］. 中国科学基金，(2)：71-76

国家行政学院课题组．2009. 英国、德国、瑞典应急管理教育培训的主要做法及启示［J］．中国浦东干部学院学报，(3)：118-121

国务院办公厅国务院应急管理办公室．2013. 全国应急预案体系建设情况调研报告［J］．中国应急管理，(1)：8-11

李湖生，刘铁民．2009. 突发事件应急准备体系研究进展及关键科学问题［J］．中国安全生产科学技术，5 (6)：5-10

刘铁民. 2012a. 重大突发事件情景规划与构建研究［J］．中国应急管理，8 (4)：18-23

刘铁民．2012b. 应急预案重大突发事件情景构建——基于“情景-任务-能力”应急预案编制技术研究之一［J］．中国安全生产科学技术，8 (4)：5-12

马奔，王郅强，薛澜．2009. 美国突发事件应急指挥体系（ICS）及其对中国的启示［C］．公共管理与地方政府创新研讨会论文集：64-70

闪淳昌．2008. 构建中国特色的应急管理体系［J］．中国浦东干部学院学报，(5)：12-18

闪淳昌．2011. 应急管理：中国特色的运行模式与实践［M］．北京：北京师范大学出版社

闪淳昌．2012. 我国应急预案体系建设的实践与思考［J］．中国应急管理，(4)：14-17

闪淳昌，周玲．2008. 从 SARS 到大雪灾：中国应急管理体系建设的发展脉络及经验反思［J］．甘肃社会科学，(5)：40-44

闪淳昌，薛澜．2012. 应急管理概论——理论与实践［M］．北京：高等教育出版社

闪淳昌，周玲，方曼．2010. 美国应急管理机制建设的发展过程及对我国的启示［J］．中国行政管理，(8)：100-105

薛澜．2010. 中国应急管理系统的演变［J］．行政管理改革，(8)：22-24

薛澜，张强．2003. SARS 事件与中国危机管理体系建设［J］．清华大学学报（哲学社会科学版），(4)：1-6

游志斌，魏晓欣．2011. 美国应急管理体系的特点及启示［J］．中国应急管理，(12)：46-51

钟开斌．2011. 日本灾害监测预警的做法与启示［J］．行政管理改革，(5)：39-43

The White House. 2006. The federal response to Hurricane Katrina：lessons learned［R］. Washington，DC，USA

U. S. Department of Homeland Security. 2004. National incident management system［R］. Washington，DC，USA

U. S. Department of Homeland Security. 2007. National preparedness guidelines［R］. Washington，DC，USA